JN204481

大地と共に心を耕せ

―地域協同組合無茶々園の挑戦

愛媛大学社会共創学部研究チーム 著

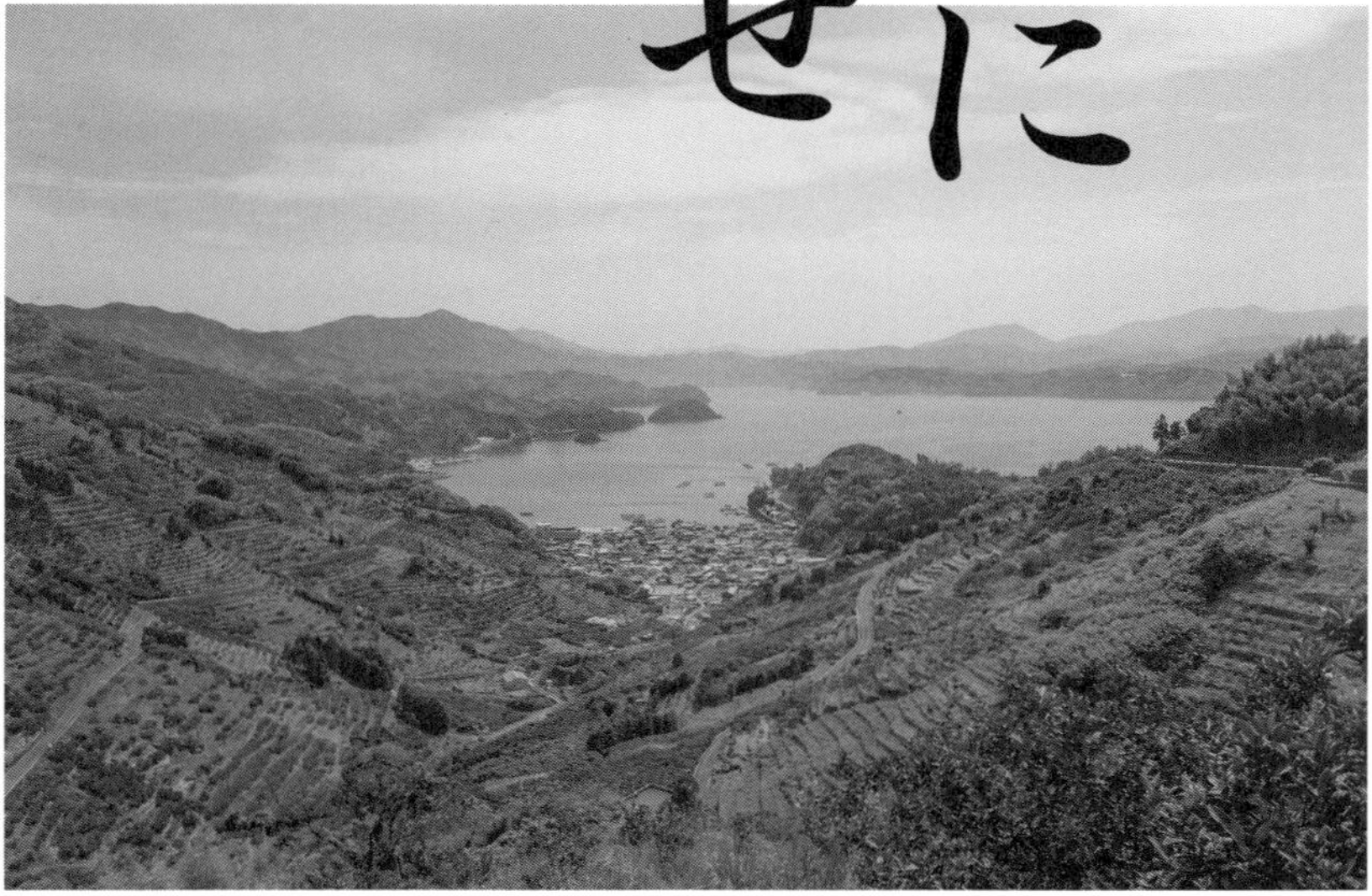

農文協

はじめに

「地域協同組合法人無茶々園」は、農林水産省主催（運営は公益社団法人日本農林漁業振興会）の2016（平成28）年度農林水産祭の表彰事業で、「むらづくり部門」の「天皇杯」を受賞した。

無茶々園は、全国的に知られた自然農法実践の「福岡自然農園」（愛媛県伊予市）と並んで、愛媛県における有機農業運動のリーダー的存在である。カンキツ有機農業の無茶々園が、有機農業実践での評価ではなく「むらづくり」で評価された。これには驚かされたというよりも、「なるほど」というのが、われわれ愛媛大学の研究者の偽らざる感想である。というのも、有機カンキツの販売では、農協共販ではなく消費者への直販を事業化するために意欲的に新規事業に取り組むとともに、本拠地である明浜でのカンキツ農業に留まらない農業構想や地域の再生構想を持っていた無茶々園と、愛媛大学農学部の研究者や学生は浅からぬ関係を築いてきたからである。

インターンシップで農政経済関係学科の学生で勉強の機会を得、卒業論文テーマに無茶々園を取り上げた学生も十指に余る。

2001年に「農事組合法人無茶々園」は、「ISO14001」を取得するとともに、松山市北条に北条風早農場を開園し、「有限会社ファーマーズユニオン北条」を設立した。その際に無茶々園は、農地を獲得する資金づくりのために、連携する消費者に「農地共有・文化共生基金」への応募を要請した。そして、そうした取組みを提案したのが、当時愛媛大学農学部教授で、愛媛大学のベンチャー企業第1号として設立されたばかりの株式会社愛媛地域総合研究所の出資者のひとりであり研究顧問であった中川聡七郎であった。中川の提案をも

農林水産祭「むらづくり部門」で天皇杯を受賞

とに、同研究所の理事・研究顧問や事務局を担った学生研究員を中心に設立されたNPO法人農畜環境委員会が指導に当たり、「ISO14001」取得に協力している。

２０１６年４月に愛媛大学では社会共創学部が新設された。これまで無茶々園とつながりの強かった農学部の農山漁村地域マネジメント特別コースが移って、この社会共創学部の地域資源マネジメント学科「農山漁村マネジメントコース」になった。このコースは、「農山漁村で自信と誇りを持って持続可能な生き方を構築するために、自然資源や農林水産資源の利用、暮らしや生業に根ざす技と知恵の掘り起し、近代化の見直しと地域社会の再評価、都市と農山漁村の交流、地域資源を活用した起業について学ぶ」ことをめざしている。そして、「長期の現場実習やフィールドワークを通して現場実践力を徹底して養う」としている。ということは、無茶々園は、このコースにとって研究教育に全面的な協力をいただきたい地域資源にほかならない。社会共創学部は、教授会と並ぶ学部運営のコア組織として地域ステークホルダーの声を活かす「社会共創カウンシル」を設置し、その学外委員10人を選定しているが、株式会社地域法人無茶々園代表取締役大津清次にも学外委員への就任をお願いし、新学部の研究教育に助言・協力をいただいている。

このような歴史的経緯もあって、無茶々園の「天皇杯」受賞を契機に、設立40年余の無茶々園の歴史をしっかり研究し、その成果を出版すれば、それはまさに社会共創学部における研究教育の一環であり、学部理念の実現のための教科書づくりにもなる。こうした考えのもとに、無茶々園に「無茶々園の40年を総括し、これからの展望をどう考えるか」の素材となる出版を提案し、農山漁村文化協会編集部に企画を持ち込んだのである。そして愛媛大学社会共創学部地域資源マネジメント学科に「無茶々園研究チーム」(代表・香月敏孝教授)を編成し、それを株式会社愛媛地域総合研究所がバックアップするという体制をとることにした。

本書のタイトルを『大地と共に心を耕せ』とした。その意味するところは、この「はじめに」に続くコラムをご覧いただきたい。

本書の編別構成は以下のとおりである。

はじめに
序章　ＦＥＣＷ自給圏構想
第Ⅰ章　西予市明浜町とカンキツ農業
第Ⅱ章　有機農業
第Ⅲ章　都市生活者との共生・共感
第Ⅳ章　新規就農希望者研修センターと直営農園
第Ⅴ章　ベトナムに有機農業を根づかせる
第Ⅵ章　農家組織から地域組織へ
おわりに

社会共創学部からは香月敏孝（教授）が第Ⅳ章、笠松浩樹（特任講師）が第Ⅵ章、山藤篤（助教）が第Ⅲ章の執筆を担当した。株式会社愛媛地域総合研究所からは村田武（代表取締役）と中安章（取締役・農学部教授）が、はじめに、序章、第Ⅰ章、第Ⅱ章、第Ⅴ章、おわりに、の執筆を担当した。無茶々園の大津清次には、序章の執筆に加えて、第Ⅲ章の執筆に助力いただいた。〔コラム〕のうち、無茶々園の会員については、本書のためのインタビューか、無茶々園が隔月で発行している会報「天歩《てんぽ》」からの転載による（写真も）。

本文に掲載した地図や写真は、大津清次が研究会やシンポジウムのために作成・発表したパワーポイント・データによる。

序章で大津清次も切望しているが、本書が、広く有機農業運動と「村づくり」にまい進する人々とともに、生協やワーカーズコープを始め、協同組合運動に集う都市住民のみなさんに訴えるものがあれば、これに優る喜びはない。
なお、本書に登場いただいた方々の、敬称を略させていただきましたことをお許し願いたい。
本書の出版にご尽力いただいた一般社団法人農山漁村文化協会の甲斐良治氏には心から御礼申し上げる。

２０１８年９月25日

株式会社愛媛地域総合研究所代表取締役　村田　武
同取締役・愛媛大学農学部教授　中安　章

コラム

「大地と共に心を耕せ」

ウイリアム・S・クラーク（アメリカ・マサチューセッツ農科大学長）は、１８７７（明治10）年４月、札幌農学校を去るに当たって、札幌農学校の現状・希望・意見および教育・研究の結果をまとめて年報として開拓長官黒田清隆に提出した。これが開拓使によって東京で印刷され、"First Annual Report of Sapporo Agricultural College, 1877"として刊行された。そしてまもなく邦訳されて『札幌農學教頭米人クラーク氏原撰　札幌農學第一年報』として、同年11月に刊行され、配布された。その復刻版が北海道大学図書刊行会から１９７６年に出版されており、その解説で高倉信一郎は、邦訳版は開拓使函館支庁の手になり、同じく函館の開拓使活版所で印刷されたものであろうとしている。その冒頭に以下のような叙述がある（同邦訳）。

It has been well said "A country is nothing without men, men are nothing without mind, and mind is little without culture. It follows that cultivated mind is the most important product of a nation."

先哲イヘルアリ曰ク國ニ人民無ンバ國其國ニ非ズ人ニ心志無ンバ人其れ其人ニ非ズ然リ而シテ人ノ心田モ之ヲ耕サザレバ亦タ有レドモ無キガ如シ故ニ一國人民ノ最大貴重ノ産物ハ耕耘ノ至リ盡セル心田是ナリ。

すなわち、宇和高校の門柱にある「大地と共に心を耕せ」の「心を耕す」とは、このクラークの札幌農学校離任に当たっての報告の冒頭に cultivated mind すなわち「耕心」こそ最重要だとの遺言的提言があったと考えられるのである。

というのも、1908（明治41）年5月に発足したばかりの東宇和郡立農蚕学校（後に県立宇和農業学校、現宇和高等学校）の教諭となり、8月には校長事務取扱（校長は不在）に就任して、実質的なトップとして農場の拡張などの農蚕学校の体制整備に奔走したのが、札幌農学校を1906年に卒業した西予市宇和町卯之町出身の末光績《すえみついさお》であったからである。驚くべきことに農蚕学校と県立宇和農業学校の校長は、3代目校長となった末光とともに、札幌農学校やその後身の東北帝国大学農科大、北海道帝国大学出身者が大半を占めた。おそらく末光は自ら開設した農場に「大地と共に心を耕せ」を農場訓とすることで、この農蚕学校で「札幌農学校再現」をめざしたと考えられるのである。なお、彼は農蚕学校を辞したのち愛媛県の要請を断り切れず、県立松山農業学校（現在の愛媛大学農学部）の校長を2年間務めている。

愛媛県立宇和高等学校の門柱

＊末光績については、愛媛新聞社の高橋正剛が、「北斗の誓い・卯之町出身の教育者・末光績」と題する連載記事を、2013年9～11月に15回にわたって執筆。「札幌農学校再現」とは、連載第6回のタイトル「帰郷し札幌農学校再現」からの引用である。

（参考文献）
開拓使編『復刻　札幌農學年報』北海道大学図書刊行会 1976年
蛯名賢造『札幌農学校・日本近代精神の源流』新評論 1991年
馬場宏明『大志の系譜　一高と札幌農学校』北泉社 1998年

目次

はじめに……1
コラム●「大地と共に心を耕せ」 4
序章 FECW自給圏構想……11
第Ⅰ章 西予市明浜町とカンキツ農業……17
西予市明浜町 18
カンキツ農業 20
第Ⅱ章 有機農業……25
ミカン農家の後継者3人 26
コラム●「福岡正信さんとの出会いでカンキツの無農薬栽培に挑戦」 斉藤達文 27
有機農業 31
1990年代の栽培技術 35
南予用水スプリンクラーの完成と農薬散布 39
有機栽培を主体に環境保全型農業 40
コラム●「個性を持ち続けながらも謙虚さを忘れない」 宇都宮俊文 41
「四国エコネット」 48

コラム●次世代を担うリーダーたちの思い① 中川 真 49
コラム●次世代を担うリーダーたちの思い② 宇都宮幸博 51

第Ⅲ章 都市生活者との共生・共感……53

消費者との「顔の見える」関係づくり 54
栽培履歴の公表 56
化粧品ブランド〝yaetoco〟 58
コラム●次世代を担うリーダーたちの思い③ 平野拓也 59
産直事業 60
コラム●「自分たちは創業者に使われた世代（笑）」 大津敬雄・川越文憲 62
パルシステムとの産直 64
「西日本ファーマーズユニオン」の立上げと生活協同組合生活クラブ連合会との提携 67
生活クラブ生協の独自の栽培基準「アースメイド野菜」 68

第Ⅳ章 新規就農希望者研修センターと直営農園……71

多様な交流経過 72
新規就農希望者研修センター 74
なぜ新規就農者の受入れか 75
「ファーマーズユニオン」構想 79
新規就農者の就農の実際 82
コラム●次世代を担うリーダーたちの思い④ 酒井朋恵 83

新規就農者のその後　92

第Ⅴ章　ベトナムに有機農業を根づかせる……95

ベトナムに有機農業研修センター　96
外国人技能研修制度　96
「ファーマーズユニオン・ベンチャー社」の立上げ　100
コラム●次世代を担うリーダーたちの思い⑤　髙埜太之　101
新しいバンメトート職業訓練センター　102
熱帯産品のフェアトレード　105

第Ⅵ章　農家組織から地域組織へ……109

ＬＰＧ基地誘致反対運動から「ノートピア」（百姓の理想郷）構想へ　110
海と山のつながり　114
コラム●「無茶々園の里は豊かな暮らし型モデル」　宇都宮氏康　114
海の緑化とジオガイド　116
コラム●次世代を担うリーダーたちの思い⑥　佐藤哲三郎　117
コラム●次世代を担うリーダーたちの思い⑦　佐藤和文　119
無茶々園婦人部「なんな会」　120
ワーカーズコープとの出会いから福祉の取組みへ　122
株式会社「百笑一輝」と「めぐみの里」「海里」　123
コラム●「都市生活者から学んださまざまな運動」　片山恵子　124

コラム●「私たちがめざす新３Ｋ『感謝・感動・感激』清家真知子　127
まちづくりとひとづくり　128
「かりとりもさくの会」　129
「かりえ笑学校」　130
農家組織から地域組織へ　132

おわりに――これからの農業経営モデルと無茶々園がめざすべき方向……134

年表・無茶々園の歩み　137
参考文献　140

序章　FECW自給圏構想

1974（昭和49）年に産声を上げた無茶々園は、2016（平成28）年度農林水産祭の表彰事業において、むらづくり部門の天皇杯を受賞した。

無茶々園の創始者たちは白髪の似合う古希を迎えようとし、息子たちは親父超えをしようと悪戦苦闘している。今、カンキツ産地は、共通して後継者問題、担い手不足による廃園の増加、収益の低さ、異常気象に直面している。これらを克服しないかぎり、農業に未来はない。

2011（平成23）年3月11日の未曾有の東日本大震災と東京電力福島第1原子力発電所の過酷事故は、歴史的な大転換が求められていることを全世界に投げかけた。私たちは経済評論家の内橋克人が唱えているF（食料）、E（エネルギー）、C（ケア）の自給に加えて、企業誘致に依存しないW（ワーク、雇用）の創出によるFECW自給圏構想こそ、まさに田舎社会のめざすところであると考える。そして、グローバル化された経済社会では、世界規模での農村と農村の連帯経済事業が今後の取組みの焦点となるだろうと考える。私たちはそれを、「21世紀型運命共同体」の創造だと考えている。

その基本コンセプトは、以下のとおりである。

①第1次産業の育成と継承（若者育成）

②新たな田舎コミュニティビジネスによる雇用創出
（新規農業、加工場、福祉、環境、観光事業）

③都市と田舎の共存モデルの提案（第2のふるさと

株式会社百笑一輝					
2013年（H25年）					
福祉事業の実施					
めぐみの里、海里の運営					
合計	出身地				平均年齢
	西予	県内	県外	国外	
39人	19人	17人	3人		46.3
売上高			当期純利益		
1億1,527万円			1,112万円		
施設	備考				
めぐみの里	福祉施設（デイサービス、有料老人ホーム）				
海里					

水産物など	合計
1億円	8.3億円

図序−1　無茶々園グループの概要

地域協同組合無茶々園
設立年：2004年
設立目的：4法人をまとめる事務局

理事会
(生産者及び各法人の代表者などで構成)

	農事組合法人無茶々園	株式会社地域法人無茶々園	有限会社ファーマーズユニオン北条
設立年	1989年（H元年）	1993年（H5年）	2001年（H13年）
設立目的	有機生産の共同事業化	事業多角化	大規模有機農業の実践
事業内容	カンキツ類の販売、資材の共同購入、直営農場の運営、研修センターの運営など	農産物・海産物・加工品などの仕入れ・販売・出荷、選果場の運営、各種事務など	直営農場（松山市北条）の運営
おもな生産作物	○組合員：温州ミカン、ポンカン、伊予柑、甘夏、デコポン、河内晩柑、レモンなど ○直営（明浜）：温州ミカン、伊予柑など ○直営（愛南）：甘夏、レモン、文旦など	○四国エコネット ：河内晩柑、温州ミカン、伊予柑、レモン、ユズ、ポンカンなど	○カンキツ：伊予柑、ユズ、キウイなど ○野菜など：タマネギ、ニンジン、ジャガイモ、そら豆、ごぼう、にんにく

職員数（H28）

	合計	出身地 西予	出身地 県内	出身地 県外	出身地 国外	平均年齢
農事組合法人無茶々園	10人			6人	4人	30.1
株式会社地域法人無茶々園	38人	18人	9人	10人	1人	40.8
有限会社ファーマーズユニオン北条	6人		1人	3人	2人	29

農地面積（H27）

農事組合法人無茶々園			株式会社地域法人無茶々園		有限会社ファーマーズユニオン北条		
合計	組合員	直営	合計	四国エコネット（会員）	合計	カンキツ	野菜など
127ha	118ha	9ha	39ha	39ha	13ha	9ha	4ha

直近の売上高など

	売上高	当期純利益
農事組合法人無茶々園	3億635万円	197万円
株式会社地域法人無茶々園	8億3,218万円	217万円
有限会社ファーマーズユニオン北条	2,335万円	319万円

関連施設

	施設	備考
農事組合法人無茶々園	俵津倉庫	明浜町俵津地区出荷場
	高山倉庫	明浜町高山地区出荷場
	田之浜倉庫	明浜町田之浜地区出荷場
	研修センター	・直営農場スタッフ・技能研修生の住居 ・農業研修での受入れ
	農地	カンキツ園地（明浜、愛南）
株式会社地域法人無茶々園	お伊勢山出荷場	狩浜地区出荷場（西予市の指定管理者として利用）
	宇和選果場	光センサー選果機など、事務所として利用
	旧狩江小学校	H28.4から借入れ（H28.7に事務所移転）
有限会社ファーマーズユニオン北条	宿舎・倉庫	
	農地	カンキツ・野菜園地

おもな商品の販売額（2016年度）

カンキツ	野菜	加工品	コスメブランド
4.9億円	0.5億円	1.4億円	0.5億円

づくり)、元気な村発信

④アジア諸国との国際田舎提携の推進

すなわち、「無茶々の里のムラづくり」計画は、FECWに加えて、H(ハウジング・住居)の自給による自立した町づくりをめざす。さらに都市生活者、国際田舎の連帯事業の推進と、協同労働による新しい故郷(21世紀型運命共同体)づくりをめざしている。多様な価値を持った協同労働を基本に、循環型事業を組み立て、大企業に呑み込まれない事業を都市住民とともに構築できるかどうかにかかっている。それを私たちは「グローカルビジネスの構築」、「コミュニティビジネス化」が問われていると考える。こうした運動の先頭に立とうという「無茶々園」は、現在では図序―1に示すような組織になっている。

有機農業の共同事業化をめざす法人組織としての「農事組合法人無茶々園」は1989(平成元)年に設立され、それを拠りどころに本格的な有機農業を推進してきた。1991年には地元漁業者と連携して、宇和海産のちりめんじゃこの販売、翌1992年には真珠の販売も開始した。海の緑化運動としてワカメの植付け作業も始めた。目標とする「地域循環型1次産業の育成」のスタートであった。1993年には、田舎の総合商社ともいえる販売会社「株式会社地域法人無茶々園」を立ち上げた。

1995年には、日本労働者協同組合(ワーカーズコープ)連合会に参加し、その指導のもとに、「ホームヘルパー講座」3級講座を開講した。

1998年には、新規就農希望者を受入れ拠点として「研修センター」を設置し、翌1999年には研修実施組織として、「ファーマーズユニオン天歩塾《てんぽじゅく》」を設立した。そして同じ1999年には、愛媛県南端の南宇和郡愛南町に甘夏の園地5haを取得し、大型有機農場「城辺《じょうへん》城辺農場」(愛南町の旧村・城辺町)を開設した。2001年には、県都松山市の東北に隣接する北条市(2005年に松山市に編入)で「北条《ほうじょう》風《かざ》早《はや》農場」という4haの野菜農場を開園し、「有限会社ファーマーズユニオン北条」を設立して経営を開始した。この農場の経営は「ファーマーズユニオン天歩塾」のスタッフと研修生によるものである。この北条農園は現在では14haになっている。

2002年からは海外研修生の受入れを開始した。2009年には、ベトナムの・ダクラック省バンメトート市に有機農業研修センターを開設した。

2004年には2度にわたる大きな台風で、明浜のカンキツ園は甚大な塩風害を受けた。それからの復旧事業として大規模なカンキツ改植を行い、その後の10年間で30 haの改植を成し遂げた。また、明浜町外にカンキツの有機栽培を担う仲間を増やそうと、２００６年には「四国エコネット」を組織した。

１９９５年から開催の「ホームヘルパー講座」ではホームヘルパー１３０人を養成し、２００９年には、農家の女性有志の会「てんぽ屋」が高齢者などへの配食サービスを開始。２０１３年にようやく本格的な福祉事業の挑戦が始まった。福祉事業所建設のために、消費者会員に「無茶の里まち作り・都市共生基金」を募り、約５００万円の協力を得て、翌２０１４年に株式会社百笑一輝《ひゃくしょういっき》を設立して、「めぐみの里」と「海《み》里《さと》」という二つの施設を建設して、「住宅型有料老人ホーム・デイサービス」事業を開始した。ここで無茶々園は農家組織から地域組織へと展開していく段階に到達した。

４法人をまとめる事務局機能を担う「地域協同組合無茶々園」(みなし法人)を２００４年に設立した。「農事組合法人無茶々園」（代表理事宇都宮俊文）、「株式会社地域法人無茶々園」（代表取締役大津清次）、「有限会社ファーマーズユニオン北条」（代表宇都宮俊文）、「株式会社百笑一輝」（代表取締役大津清次）の４法人をまとめ、年1回の総会、生産者と４法人の代表者で構成される理事会（2カ月に1回）、生産者と事務局の代表で構成する役員会（週1回）で、無茶々園が協同組合としての内実を失わないことを確実なものにしようとしてきた。

２０１６年現在で、「地域協同組合無茶々園」の組合員（以下では、農協や生協の組合員と区別するために「会員」とする）総数は69人と4グループである。うち無茶々園発祥の地である狩浜地区の会員は46人で、狩浜地区の販売農家１０５戸の４割強である。会員のカンキツ栽培面積の合計は約１４０ha。これは明浜町全体のカンキツ栽培面積のほぼ４割、狩浜地区では８割（８０・５％）になっている。さらに、明浜町以外の「四国エコネット」については、有機栽培がむずかしい生産者には減農薬栽培から始めてもらっており、合計88人、面積は合計で39 haになっている。四国エコネット会員は地域協同組合法人無茶々園には所属せず、株式会社地域法人無茶々園と直接に取引する方式である。

こうして、無茶々園のおもな商品であるカンキツは２０１５年度で品種数では33品種を数え、主力の温州ミカンは生産者数96人、取扱量889tになった。ついで河内晩柑400t、伊予柑355t、ポンカン292t、甘夏284tで、合計では生産者数が1577人、取扱量2497t(加工用途を含む)になっている。

無茶々園は、今ではカンキツに加えて野菜や豆類、梅・キウイといった果樹、宇和海の海産物(ちりめんじゃこ、真珠、ヒジキ)、加工品(ジュース・マーマレードから、ジュース残渣からの精油、カンキツ種子油や真珠貝パウダーからのコスメ、摘果ミカンのエキスで育毛剤)など、それこそ地域をまるごと商品化してきた。その販売額は、カンキツが4・9億円、野菜が0・5億円、加工品が1・4億円、化粧品が0・5億円、水産物が1億円の合計8・3億円になっている。2013年に始まった福祉事業でも1億6000万円の事業高で、2年目から黒字に転換できた。

いまひとつ、図序―1「無茶々園グループの概要」の職員数をみてほしい。団塊世代の地元農業後継者によって生み出された無茶々園は、第2世代、さらに第3世代が継いでいる。しかし、直営農園や出荷場の管理作業や販売、資材共同購入にかかる事務作業を担当する農事組合の職員10人の出身地はすべて地元外の、平均30・1歳という若手である。株式会社地域法人無茶々園の農産物などの仕入れ・販売・出荷、選果場の運営や事務作業を担当する職員38人も、その4分の3は地元外出身者である。有限会社ファーマーズユニオン北条の運営を担う6人も全員が地元外出身者、しかも県外からの若手の参入が中心である。

私たちが無茶々園を誇りにしているのは、地域再生の取組みが全国の若い世代に共感を呼び、僻地ともいってよいこの四国西南部に雇用と協働の場をつくりだしていることである。本書のタイトルにある「大地と共に心を耕せ」は、無茶々園の仲間の多くが卒業した愛媛県立宇和高等学校(西予市宇和町)の門柱に掲げられているものである。1908(明治41)年創立の東宇和郡立農蚕学校を前身にもち、普通科と農業科(現在は生物工学科)からなる総合制高校としての同高校の「農場訓」として引き継がれ、無茶々園に集う者たちの心意気を的確に表すことばでもある。

本書が、わが国津々浦々で有機農業運動と村づくりにまい進されている人々の心に少しでも訴えるものがあれば、これに優る喜びはない。

第Ⅰ章

西予市明浜町とカンキツ農業

西予市明浜町

西予市明浜町は愛媛県の西南端、八幡浜市と宇和島市に挟まれ、豊後水道の東側の宇和海に向かって東西に細長く開かれた農漁村である。宇和海は近世より九十九里浜、五島列島と並ぶ日本三大イワシ漁場の一つであった。1958（昭和33）年に東西に連なる俵《たわら》津《づ》村《むら》、狩江村《かりえむら》（渡江《とのえ》・狩浜《かりはま》の2集落）、高山村（高山・宮之浦・田之浜の3集落）の3村が合併して東宇和郡明浜町《あけはまちょう》となった。これ以前には法花津湾《ほけつわん》に沿って俵津村の東に隣接する玉津村《たまつむら》（現在は宇和島市）とともに「海岸4カ村」と呼ばれ、農漁業から日常生活まで密接な関係があったという。というのも、国鉄が松山から八幡浜まで開通したのが1939（昭和14）年、西予市の中心部卯之町《うのまち》から宇和島にまで延びたのが1941年、卯之町から狩江村までバスが走るようになったのが1937年であって、それまでは八幡浜から宇和島までの定期船が宇和海岸沿いの各浦をつないでいた。陸路より海路のほうがずっと便利だったのである。

2004（平成16）年には、北隣の西宇和郡三瓶町《みかめちょう》、東隣の東宇和郡宇和町・野村町・城川町との平成大合併で西予市明浜町になった。

この明浜では明治いらい、急峻かつ狭小な段々畑でサツマイモと麦を栽培し、イワシ漁業に加えて、製糸や織物、行商が暮らしを支えた。幕末に導入された綿織物が明治10年代に広がって、大阪から仕入れた綿糸で「縞物《しまもの》」を織る綿織物業が明治末から大正、昭和初期に盛んになった。とくに「狩浜縞」が有名になり、農家がこの縞物を背負って高知県から九州に行商に出かけた。春秋2回の行商は「縞売り」と呼ばれ、明治末、狩江には5工場、150戸の農家家内工業、50戸の出織があったという。

これに加えて、1880（明治13）年代には養蚕がここにも入り、明治後期には養蚕組合がつくられ、1925（大正14）年には俵津製糸株式会社が設立された。最盛期には従業員450人という四国最大の製糸工場だった。1919（大正8）年には明浜全体で桑畑186町歩、養蚕戸数720戸となる。当時の総戸数が1991戸であったから、3分の1を超える農家が養蚕に所得源を求めていたことになる。

また、高山村には良質な石灰岩があって、幕末には、採掘した石灰岩を窯で焼いて消石灰をつくる石灰

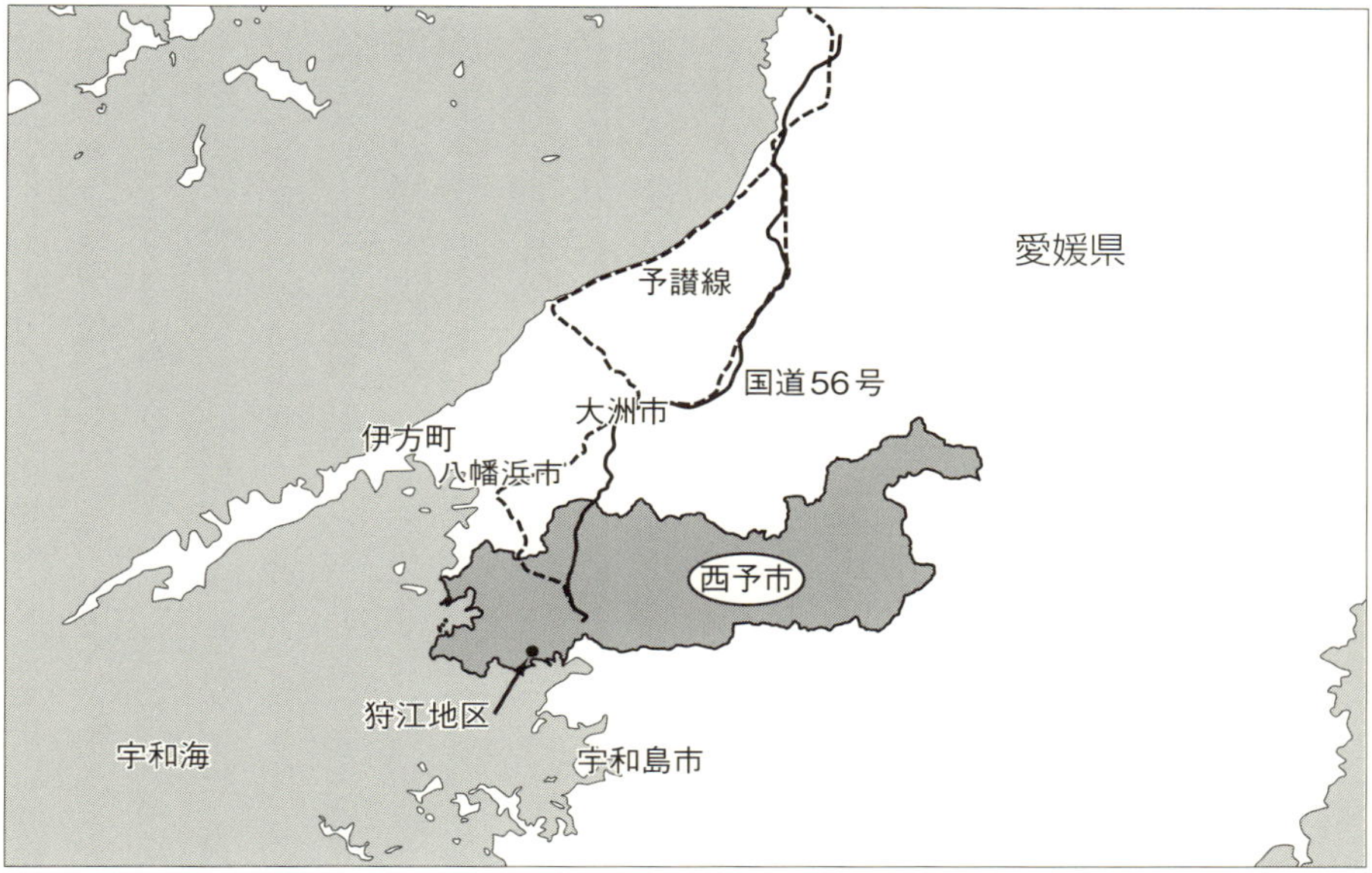

図Ⅰ－1　西予市地図

無茶々園の拠点・西予市明浜町狩江地区

焼業が生まれ明治中期に興隆した。大正時代以降は外部資本による製鉄用石灰岩の採石が盛んになり、日鉄鉱業（本社東京）系の鈴木産業が昭和30年代半ばから１９７６（昭和51）年の閉山まで、最大時、従業員１３０人を雇用して、月産７万ｔの砕石を行った。閉山時の１９７６年には、明浜町が１００人の雇用確保のために地元資本による高山鉱産株式会社を発足させて、従業員30人でセメント原料用石灰の砕石を行った。その後、土地代金などを処理して、１９７９（昭和54）年に閉山している。

こうしてみると、明浜町は、愛媛県南予の宇和海沿岸に数多い農漁村のなかにあって、綿織物業とその行商販売や製糸業などの軽工業が成立し、加えて石灰鉱山もあったという他にない特別の歴史があったことがわかる。すなわち、宇和海沿岸の農漁村のなかでもきわだって外に向かって大きく開かれていたのである。この歴史が明浜町民の住民意識に「開放性」というＤＮＡ（遺伝子）を育み、したがってまた無茶々園の人々がそれを継承しているのではないかと考えられるのである。

ちなみに、昭和初年からの狩江小学校の郷土教育には目覚ましいものがあった。「まず子どもを知り郷土を知ろう」を合言葉に、知育・徳育・体育の併進をめざし、学力に偏らない教育がめざされた。高学年からの教科担任制・個性調査（知能指数その他）・給食の実施などで、狩江小学校は１０３５（昭和10）年には全国優良学校に認定されている。狩江村では、同じ年に青年学校も開校された。社会教育にも熱心で、１９４０年には、「狩江郷土読本」が発行されている。狩江小学校は２０１５年３月に廃校となったが、現在では「かりえ笑学校」としてまちづくりの拠点になっている。(1)

カンキツ農業

明浜に本格的にカンキツ栽培が入るのは明治10年代半ばである。明治末年には俵津で12町歩、狩江で13町歩、高山で19・２町歩、合計44・２町歩のカンキツ園があり、うち４割が温州ミカン園だった。他にネーブル、オレンジ、夏ダイダイなどがあった。ところが明治末年から大正時代には養蚕の収益が大きくなり、南予の養蚕は愛媛県下第一と称されるまでになった。カンキツ園は桑畑に転換されて、１９１７（大正６）年には温州ミカン３町歩、ネーブル５反、夏柑６町歩の

9・5町歩に、さらに大正末年には6・6町歩にまで減少する。耕地面積179町歩の3・7％にまで落ち込んだのである。昭和初年には、明浜だけでなく南予のカンキツ園の3割強は桑との混植であった[2]。

ところが昭和農業恐慌にともなって養蚕も衰退し、桑畑はカンキツ園に再転換されることになる。同時に、カンキツの集出荷事業における商人支配を脱しようと、生産者を販売面で組織し、生産者自らの手で販売活動を行なう「宇和蜜柑販売購買組合」が1929(昭和4)年に設立される。戦後の宇和青果農協につながる共同販売事業の始まりであった。組合の荷造場（今日の共同選果場）を身近に置きたい組合員の願いや輸送・運搬の利便性を考慮して、支部荷造場が開設されていき、明浜町には、俵津支部（俵津村、出荷マークは㊟）が1931年に開設されたのを先頭に、1934年までに田之浜支部（高山村田之浜、㊐）、高山支部（高山村、㊫）、狩江支部（狩江村、㊓）、が開設された。

集出荷や代金の支払い方法については、商人との現金取引に慣れた組合員に対して、小売り以外の全量を、販売組合を通じて販売することが条件であること、違約した場合には過怠金を徴収するとして、以下のような審査基準を示している。

「秤量は台秤で正確に行い、みかんの審査は荷口に番号をつけて誰のものかわからぬようにして審査する。販売代金は、組合員の申し出により支払うが、内渡しは時価見積もりの七割以内とする。

審査基準は①果皮滑沢なるもの、②色濃厚なるもの、③果肉充実せるもの、④形状扁平にして形正しきもの、⑤病虫の被害なきもの、の五つを備えたものを優等、①と②を欠くものを一等、④と⑤を欠くものを二等とする」（『宇和青果農協八十年のあゆみ』、1996年、81ページ）。

この恐慌のさなか、1934（昭和9）年には俵津の約20家族、150人がブラジルに移民した。また、1937年には、狩江産業組合が設立されている。戦時には果樹も桑も不急作物として整理伐採を強いられた。カンキツも20％の伐採命令でサツマイモ畑になるのだが、それでも終戦時には明浜全体で12・1町歩のカンキツ園があったという。

戦後復興のなかでカンキツ園の再生が始まった。1947（昭和22）年に結成された南予果樹同志会の支部が明浜の旧3村にもつくられた。同年のカンキツ栽培面積は、俵津で41町歩、狩江で25町歩、高山で45町歩、合計111町歩である。翌1948年にはカンキツ販売専門農協である宇和青果農協（本店は宇和島市吉田町）も設立され、明浜管内の5つの「宇和蜜柑販売購買組合」支部荷造場は、宇和青果農協の共選場となった。

高度経済成長期になると、「新農山漁村建設事業」（1956年）による集出荷施設建設、「農業基本法」（1961年）を基礎にした「果樹農業振興特別措置法」（通称「果振法」）による低利融資が樹園地整備・拡大を後押しし、全国のカンキツ地帯に「ミカンブーム」を巻き起こす。愛媛県の温州ミカンは1965年には栽培面積2万2100ha、収量は21万5800t、1975年には2万2000ha、61万1000tとなった。

明浜でもミカンブームが始まった。サツマイモ畑も桑畑もカンキツ園に代わり、山を拓いてカンキツ園を拡大した。漁業や土方労働など農外就業から得た金も、果振法の低利融資も苗代・園地拡大・モノレール設置に注がれた。

こうして明浜では1955（昭和30）年に141haであったカンキツ園は、拡大の一途をたどり1970年には406ha、1980年には548haになった。この間にサツマイモ・麦畑は341haから10haに、40haほどあった水田もわずか1haになった。桑畑は消滅した。

明浜の農地の90％超がカンキツ園になったのである。カンキツの販売額も1955年の4530万円から、1970年には4億9146万円、1980年には12億1652万円になった。このミカンブームは農家の暮らしを一気に変えることになった。この間の1965（昭和40）年には、俵津、狩江、高山の3農協が合併して明浜町農協になった。

安達生恒はこれを『むらの戦後史』で、以下のように総括した。

「蜜柑の目覚ましい拡大は、明浜農業のモノカルチャー化でもあった。蜜柑ブームの裏では漁業異変があり、イワシ漁業が真珠とハマチの養殖に代わって農と漁の結びつきが切れた。さらに蜜柑のモノカルチャーは農家経済の自給態勢を廃棄させ、畜産の放棄は畑の生態系循環を切断し、化学肥料と農薬に頼る『単一生産、エネルギー資源浪費型』の農業に変えた。海と山、畑と家畜の循環の上に成り立ったこの土地の生活が、今度はもっぱら蜜柑の市場流通システムに巻き込まれ、果実やジュースの国際的自由化の網の目に取り込まれたことになる。化学肥料と農薬の多投による土地生産性の低下、索道のモノレール化や集出荷施設などへの過剰投資、その結果としての負債の増加、国際市場競争システムへのビルト・イン。日本的『農業近代化』の悪しき弊害を腹中に蔵した、『危険な賭け』にさらされることとなったのだ[3]」

なお、１９５２（昭和27）年に初めて明浜を訪ねたという安達生恒（当時は愛媛大学教授）は、南伊予の農村を回るなかで、「風土と生活の中から農業問題を見るという観点と、主体的に行動するうちに農民がどう変わっていくかという観点がいかに大切であるかを教わった」という（同書のあとがき）。われわれ農業経済学徒に対する叱咤激励であるとともに、１９８９（平成元）年に出版されたこの『むらの戦後史』は、無茶々園誕生から15年の歴史を踏まえたうえで、無茶々園の進むべき道を提示したものであった。

実際のところ、明浜ではこの間、農家数が１９５５年の１５９８戸から１９８５年には７１２戸に減った。専業農家率が19％から33％に高まったものの、カンキツ栽培の拡大についていけない農家は脱落したのである。

１９６７（昭和42）年の大干ばつではきわめて深刻な被害となった。とくに被害のひどかった夏柑は全滅状態になった。農家はカンキツ園の復旧と品種更新に迫られる。水を求めて灌水し、ムシロで土を覆い、枯れた木を引っこ抜く。オート三輪車にドラム缶を積み、必死になって水を運んだ。死に物狂いの作業だった。温州ミカンは普通温州を市場出荷の早い早生種に、夏柑は伊予柑に切り替えた。

またこの大干ばつを契機に、１９７０年に農水省による「南予水資源開発計画」が策定され、翌１９７１年には南予２市７町の参加する南予水資源対策協議会が設置された。１９７４年に農水省による国営事業として開始された「南予用水農業水利事業」は、肱《ひじ》川《かわ》上流に多目的ダムの野村ダム（１９７３年着工、１９８２年完成）を建設し、北は八幡浜市から南は宇和島市に至る南予全域のカンキツ地帯の関係農家９０００戸余り、受益面積７２００haの樹園地に農業用水を供給するとともに、南予地域の住民約17万人に上水を供給する総工費７５０億円という大事業であった。工事は23年がかりで１９９６年に完成したが、樹園地最末端までの畑地灌漑施設は県営事業として実施され、明浜町でも１９９０年度から２０００年度にわたってスプリンクラー灌漑事業が施工され、総事業費は69億円に及んだ。

大干ばつに追い打ちをかけたのが、温州ミカンの価格暴落である。干ばつの1年後の1968年に始まった暴落は、4年後の1972（昭和47）年にはもっと深刻であった。とくに普通温州、南柑20号、夏柑の暴落がひどかった（表Ⅰ－1）。この暴落の原因が、第一に、温州ミカンの生産過剰であり、第二に、1972年の夏柑暴落はグレープフルーツの輸入自由化（1971年）による「すっぱい夏柑」の消費の落ち込みであったことはよく知られている。明浜では、温州ミカンから伊予柑やポンカンなどの晩柑品種への更新がブームになった。

（注）

（1）狩江小学校のこのような歴史を掘り起こしたのは、1980（昭和55）年に明浜史談会の名前で、『明浜こぼれ話――郷土史片々録――』を私費出版した高山村の久保高一・トシエ夫妻である。

（2）『宇和青果農協八十年のあゆみ』（幸渕文雄編集委員長）1996年参照。

（3）安達生恒『むらの戦後史・南伊予みかんの里　農と人の物語』有斐閣、1989年、170ページ。

表Ⅰ－1　明浜町におけるカンキツ価格（農家手取価格）の暴落

（円/kg、％）

	1967年	1968年	68/67年(%)
早生温州	57.10	55.70	▲ 2.5
普通温州	43.30	35.40	▲18.2
南柑20号	58.00	48.40	▲16.5
夏 柑	27.10	22.30	▲17.7
甘 夏	57.00	52.10	▲ 8.6
伊予柑	73.10	89.70	2.7
ハッサク	53.50	64.10	19.8

	1971年	1972年	72/71年(%)
早生温州	79.80	59.44	▲25.5
普通温州	59.40	29.88	▲49.7
南柑20号	76.40	41.88	▲45.2
夏 柑	50.90	25.64	▲49.6
甘 夏	83.30	59.93	▲28.1
伊予柑	97.50	93.95	▲ 3.6
ハッサク	70.80	66.48	▲ 6.1

資料）安達生恒『むらの戦後史・南伊予みかんの里　農と人の物語』有斐閣、1989年、179ページの表17を一部改訂。

第Ⅱ章　有機農業

ミカン農家の後継者3人

明浜町のミカン農家の後継ぎに元気のいい3人がいた。1947（昭和22）年生まれの斉藤達文《たつふみ》と斉藤正治《しょうじ》、それに1948年生まれの片山元治《もとおさ》の、まさに団塊の世代の3人であった。いずれも明浜町狩江地区の西側である狩浜で、2ha余りのカンキツ栽培を行う中堅農家のまもなく30歳という後継者であって、農業後継者組織である狩浜青年農業者連絡協議会のリーダーであった。

この3人が1974（昭和49）年5月に、有機農業グループ「無茶々園」を誕生させた。3人は、農薬と化学肥料を多用するカンキツ栽培に疑問をもったのである。というのも晩柑種の伊予柑やポンカンの栽培には温州ミカン以上の農薬や化学肥料を必要としたからだ。栽培する人間の身体も蝕まれる。そこで始めたのが伊予柑の無農薬栽培であった。狩浜の臨済宗妙心寺派徳寿山廣福寺の住職竹山蛍雪から管理を頼まれた、寺有地15aの伊予柑園を活用しての無農薬共同研究農園であった。これを「無茶々園」と名づけたのである。「無農薬・無化学肥料栽培なんて無茶なことかもしれないが、そこは無欲になって無茶苦茶がんばってみようではないか」という意味での命名であった。無茶苦茶を無茶々にしたのは、斉藤達文が第6回派米農業研修生（1971年7月〜1973年6月）として、アメリカ・アリゾナ州の3000haのカンキツ農場での研修中にいっしょに働いたメキシコ人から、「スペイン語ではオネエチャンのことをmuchacha（ムチャチャ）という」と聞いたことを思い出し、それはいいということになったからである。

寺有地15aの無農薬共同研究農園
（資料）愛媛新聞、1978年5月28日）

コラム

「福岡正信さんとの出会いでカンキツの無農薬栽培に挑戦」

斉藤　達文

無茶々園がここまで続いてきた一番の要因は周りから育てられたこと、交流を重ね、いろいろな人を紹介してもらい、いろいろ教えてもらったことによる。

無茶々園を始めたのは28歳の頃。26歳で明浜に戻り慣行栽培でカンキツを作っていたが、後継者が集まってお寺の畑を借りることになった。まだ今のような組織にはなっておらず、後継者がワイワイ騒ぐような場所だった。そんな中、研修で福岡正信さんに出会った。まだ有機農業という言葉もない時代。福岡さんのことが好きだったのだろうな。影響を受けて自分たちも無農薬で作るようになった。そうこうしているうちに報道機関が来るようになった。反環境汚染が広まりだして有機のものを欲しがる消費者も増えていたから有名になった。そして横のつながりが増えて情報が広がった。東京に勉強会に行き、市場などにも行き、この人に会いなさいと紹介されていろいろな人に会った。販売先も増えていった。だから販売に苦労したというような思いはない。販売先が増えたら作る量も増やさなければいけない。自分たちの畑でも有機で作るようになった。しかし、化学肥料をやめて1年目で葉っぱの色が変わって木の育ちが悪くなった。そこで自分たちの有機の肥料を作らなければいけない、となった。販売には苦労しなかったが生産や数量調整は大変だった。

片山元治はスポークスマン。外への発信力はあった。けれどもそれ以上に職員や地域の生産者など周りで支える者がいたからいまの無茶々園がある。理事会で片山が東京から得てきた知識を話す、それを受け入れられる母体があったことで無茶々園は成長できた。

いま自分で経営しているミカンづくりでは園地を拡大している。外国人の実習生を3人入れているが、ミカンづくりに特別な経営能力がいるわけではない。山に行くことが好きならだれにでもできる。先輩が骨折ってこの地に作ってくれた園地を荒らしたくない。年を取ったら足腰は弱ってくるが、まだまだがむしゃらにやらなければいけない。

（「天歩」150号、2017年3月より）

本書は、現在では農家組織から地域組織となって、明浜町のまちづくり運動を担う中核団体となり、国際交流事業でも先進的な無茶々園を追跡する。明浜町が誇りとすべきは、外部から参入した指導者によるものではなく、また自治体行政の主導によるものではなく、地域で生まれ育った農業後継者のなかに、まさにボトムアップでまちづくりをめざすリーダーが生み出されたことにある。前章で明浜は外に開かれた歴史をもつことに注目したが、この団塊の世代3人もまた、農村からの大学進学率がまだ低かった時代にありながら、片山元治は宮崎大学農学部、斉藤達文は東北大学農学部に進学し、昭和40年代の大学紛争・学生運動の洗礼を受けたことが、やってやろうではないかという気概を生み出す背景にあったのだろう。

さて、無茶々園がスタートしたのと同じ１９７４（昭和49）年の10月に「朝日新聞」で連載が始まった有吉佐和子の長編小説『複合汚染』は衝撃的であった。熊本県阿蘇で「菊池養生園」を実践していた医師・竹熊宣孝の『土からの教育』にも、３人は大いに励まされた。また同じ愛媛県の伊予市で先駆的に自然農法を実践していた福岡正信のカンキツ園を見学し、温州ミカンはともかく甘夏園なら何とかやれるのではないかと、カンキツの無農薬・無化学肥料栽培を本気で考えるようになった。

無茶々園を立ち上げた３人のひとり斉藤正治は残念ながら２０１０年に他界したが、当時を思い起こした次のような文章を、１９８２年に残している。

「私達が有機農法に興味をもったのは昭和49年頃で、その頃当地区では、温州みかんを切って伊予柑、ポンカン等の高級晩柑へ更新のブームに入った時期です。この伊予柑、ポンカン等は栽培が難しく、温州みかん以上に農薬や肥料を必要としたのです。その為、自分達の肉体はおろか、土壌、自然環境が、加速度的に破壊されてきていることを感覚的に認識せざるを得なくなり、近代農業、カンキツ専業農業に疑問を感じたのです。……丁度その頃、『複合汚染』という小説が新聞に連載され、それを読んでいるうちに、私達の疑問が、新しい農業形態の模索となったのです」（『ちょっと退屈な日々』１９８２年）[1]

１９６１（昭和36）年の農業基本法による選択的拡大政策の後押しのもとで始まった果樹や花き・野菜園芸の産地化のなかで、古くから使われていた硫酸ニコチンやボルドー液とならんで、猛毒ホリドール（商品名。成分名はパラチオン）を始めとする戦後開発の新しい合成化学農薬の使用が広がり、全国で農薬中毒が問題になっていた。1966（昭和41）年には、長野県の佐久総合病院が高原野菜地帯の村の衛生指導委員会とともに、「農薬使用者健康カレンダー」を開発して、散布した農薬の種類、散布時間、防具の状態、散布後に現れた症状を農家に記録させ、健康診断もやり始めたが、それはまさに先駆的な取組みであった。[2]

　1974年からの最初の数年間は、共同研究園と3人の園地での実験段階であった。2年目から無農薬・無化学肥料栽培を始め、収穫した伊予柑は農協に出荷したものの、優・良品はなく、可品とジュース加工用にしか評価されず、収入はほとんどなかった。それでも、農業改良普及員の紹介で松山市萱町《かやまち》にあった「愛信」という自然食品店に引き取ってもらった3年目の伊予柑は、はじめて期待した値がついた。そして、この店との出合いによって食べ物や健康の問題にも視野が拡がり、「無茶々園の運動をたんなる農産物の生産方法の問題ではなく、食生活、社会教育等々、町づくり的な活動に広げていかなければならないことを学んだ」という。

　1978（昭和53）年頃には、それまでの実験・研究の結果、見てくれさえ消費者ががまんしてくれれば、冬期にマシン油を1回塗布すれば無農薬でできるという栽培技術についても、いちおう展望をもつことができた。

　またこの1978年には、NHK、愛媛新聞、朝日新聞などのマスコミが初めて無茶々園の取組みを好意的に紹介してくれた。

　そのうち愛媛新聞が5月28日に「読者訪問」欄で、「無茶々園」の15aの伊予柑実験園の管理に参加していた青年農業者連絡協議会狩江支部を訪問した記事を紹介する（記事は、愛媛新聞の提供による）。記者の訪問に対応したのは、当時の青年農業者連絡協議会狩江支部の支部長であった大河又夫ら5人であった。

「農薬や化学肥料を使わないで伊予カンが生産できないか――東宇和郡明浜町の青年農業者連絡協議会狩江支部の若者たちが実験を始めて、もう4年になる。『今のような農法を続けていたら、農業者自身の体がダメになってしまう』という切実な危機感が踏み切らせたことだ」というリードに続いて以下のように報じている。

無農薬で伊予カンづくりに挑む

——4年目 徐々に成果、〝安全性〟消費者啓発を

青年農業者連絡協議会狩江支部(明浜町)

東宇和郡明浜町狩浜
亀井秀男さん(27) 大河又夫さん(25)
清水有精さん(19)
同町渡江
稲垣純一さん(25) 佐藤元喜さん(22)

ミカンの消毒中に気分が悪くなった経験を持つ人は珍しくない。「2〜3年前に地区のカイガラ虫共同防除に使う農薬を調合しとったら気分が悪くなって、2〜3日は寝込んで……」と亀井さん。「かぶれはしょっちゅうよね」と佐藤さんも相づちを打つ。

明浜町狩江地区は、本浦と枝浦とを合わせた狩浜と、渡江とから成っている。南予の海岸部はどこでもそうだが、狩江地区も海岸まで山地が迫り、狭い平地にしがみつくようにして民家が密集している。この地形のおかげで、昔は海に経済の中心があったのだが、今ではミカン生産が中心になり、ミカン抜きでは語れないほどだ。

それだけに、農薬の被害の恐ろしさは浸透している。「ここらはまだ農薬散布は少ない方よ」「農林省が許可しとっても、かぶれるから使わん薬もあるほど」と、若ものたちは強調する。それでも、年間通じて7〜8回は散布せねばならないのが実情だ。「市場に出すのは、汚れのないきれいなものじゃなければ、いい値がつかんけん」(稲垣さん)。

そこで始まったのが、化学肥料や農薬を使わないで、市場性のある伊予カンを栽培できないかという実験。1975年に15aほどのミカン園を借りた。成木約30本、幼木と合わせると約150本が全部伊予カン。他地区にさきがけて高接ぎ改植が進んだ土地ぶりを反映している。借り賃は年間コンテナ2、3杯の伊予カンを持っていくだけでよいというから、貸主の好意がうかがわれる。

さて、実験の成果は——。「市場性どころか、どこまで木が枯れずに実がなるかを試しているみたい」というのが実情。自然な農法を目ざす狙いが徹底し過ぎてか、実験園は仲間が、「無茶々園」と呼ぶ荒れ具合だ。これでも、昨年は豚プン百袋を入れ、マシーン油を散布した。無農薬無化学肥料ということと粗放とは違うという認識が確立しているといえるだろう。これと並行するように、収益の側から見ても、最初の年は直接

小売店に持ち込んで2～3万円、2年目は農協に出荷したらジュース用に落とされ8000円だったものが、3年目は松山生活学校の産直に〝出荷〟して、10万円ほどになった。地元でも「若い者もやるわい」と見直され始めたところだ。

松山生活学校とは有機農業を通じての縁だ。とはいってもただ伊予カンの産直だけで結ばれているのではなく、コンポストの効用についての〝同志〟でもある。明浜町には有機農業をしようにも、急傾斜地で堆肥生産に適当な土地がなく、豚プンに頼る以外の方法がないため頭をかかえていたところで、コンポストの存在を教えられた。実用できるかどうかは、北条市の衛生センターでわけてもらって試す段階だが、すでに町にも農協にもコンポスト工場を建設できないかの検討を要望したという。

「伊予カンの値打ちは見かけじゃない」というのがメンバーの考え。「安全でおいしいことがなによりじゃということを、消費者によーく知ってもらいたいな。新聞もその辺を書いてほしい」と願いは切実だ（以下略）。

有機農業

1979（昭和54）年には、新会員1人を加えた4人の合計1haの温州ミカン、伊予柑、甘夏柑の有機試験栽培が始まる。同時にこの年から翌年にかけて6人に増えた会員が販路確保のために上京し、神田中央卸売市場、杉並の自然食品店、首都圏生協（後の生協パルシステム東京）、さらに日本有機農業研究会を訪ねた。

日本有機農業研究会は一樂照雄が中心になって1971年秋に設立されたものである。一樂は当時、全国農業協同組合中央会常務を辞任し、協同組合経営研究所の理事長であった。一樂は、1906（明治39）年徳島県生まれ。1930（昭和5）年東京大学農学部卒、農林中央金庫職員、同理事を経て全国農協中央会常務理事。1994（平成6）年没。無農薬栽培のミカンを買ってもらえないかと訪ねたこの日本有機農業研究会で、彼らは一樂から「有機農産物を商品扱いするとは何事だ」ときつく叱られた。しかし、翌年6月には、一樂はわざわざ明浜を訪ねて、有機農業への本気・覚悟を求めたという。

一樂有機農業論の要点は、以下にあった。

①有機農業とは、本当はこのような呼び方ではなく、「自然循環に即した農法」、すなわち「本来あるべき姿の農業」に引き戻すということであって、「生態的な発想を第一義的に重要視する農法」である。「自然の循環のなかで、それを人為によって手助けする農法から生産された農産物と、自然に挑戦し、化学製品と動力機械を多投して生産された農産物とでは、食味において大きな相違があり、健康のためにも大きなちがいのあることを忘れてはならない。したがって、国内自給をめざす以上、味がよく安全で品質のよいものを、自然保護と地力維持を旨とした方法で生産する農法に転換させねばならないのです[3]」

②ちなみに、一樂が近代化農法の反省のもとで、あるべき農業を有機農業と命名するにいたった経緯を追った星野紀代子は、田中正造の「国土の尊厳を犯すものは必ず滅びる」に啓発された黒澤酉蔵《くろさわとりぞう》（雪印乳業の設立に関わり、酪農学園の設立者でもある）を一樂が訪ねた際に、「天地有機（天地機有り）」という言葉を正造が好んだと聞き、近代農業でない農業を「有機」農業と名付けたとしている[4]。

③有機農業の実践には、第一に地力の培養、そして作物栽培との複合による有畜農業（有畜多角経営への志向）である。

「化学肥料や農薬は、土壌中に生息する微生物にとっては栄養分としてではなく有害物として作用し、その繁殖を妨げ、死滅を促す。また、土壌は硬化し、通気を悪くして保水力を弱める。したがって、化学肥料や農薬の連投は、作物の生育のための土壌条件すなわち地力を漸次減退させることになります[5]」

「作物や家畜の健全な生育をいつまでも続けるためには、多種類のものを栽培し飼養すべきであって、有機農業は当然有畜多角経営を志向します[6]」

④それは農民自らのために、自らの技術の進歩に努力すべきである。

「有機農業は、行きすぎを正すことであって『復古主義』ではない。現在行なわれている農業技術は、農業のためではなく、いわば企業のために開発されたものです。それらを思い切りよく放棄することを主張しているにすぎない。この放棄の上に立って、中断された継承の技術を取り戻し、農民自らのために、自らの技術の進歩に努力すべきだと思うのです[7]」

⑤有機農業とは技術的な問題ではなくて、結局は生活上の価値観の問題である。

「どうも『有機農業』という言葉は解釈がまちまちなのです。一般的には、無農薬農業とか無化学肥料農業とかということから出発したことは事実です。私自身も当初はそういう考えだった。しかし、有機農業が実施され、継続的に実践される過程のなかで自覚してきたことは、『有機農業』とは技術的な問題ではなくて、結局は生活上の価値観の問題だということです。逆にいえば、これが成立し維持されているところでは、人と人との関係において当初予期しなかった好ましいことがらが続出するということです[8]」

⑥そして有機農業には生産技術の問題のほかに、生産物を通常の流通機構に乗せても正当な評価を与えられないのであるから、「生産者と消費者との提携」の道を見つけることが不可欠である。

「生産者が協力を求めうる相手は、環境汚染や各種公害を脅威に感じている消費者だということです。有機農業を実践するに当たって、農民はまず消費者層のなかから、有機農業を理解し積極的に支持する意思を持つ人を発見しなければならない。そのような人々と相互扶助の人間関係を形成することが、有機農業の成立を可能にする条件なのです[9]」

わが国の現代有機農業論の第一人者ともいうべき中島紀一が指摘するように、一樂照雄が日本有機農業研究会を組織した1970年代においては、「有機農業の必要性は明らかなのだが、そのための技術的道筋はまだ見えていなかった」。すなわち有機農業技術論はまだ確立されていなかったのではあるが、一樂有機農業論の本質は「農業の本当のあり方を求める農業運動が有機農業だ」というところにあった[10]。一樂が、「わが国現代の農法を反省し、在るべき農法を探求するため相互研鑽の組織として『有機農業研究会』を発足させるとともに、その活動計画のなかに、本書を邦訳して出版する」として、アメリカにおいて第2次世界大戦後の有機農業運動のバイブルとなったJ・I・ロデイル著の"Pay Dirt"を自ら翻訳したのも、そういった事情を反映しているのであろう。"Pay Dirt"は1945年8月刊。ロデイルはアメリカ・ペンシルベニア州で、イギリス人A・ハワードが提唱した有機農業を実践した。Pay Dirt の意味は「土地に借りを返す」。すなわち熟成堆肥を十分に施用することで土地の肥沃度を保つことと解される[11]。

一樂のこうした哲学は、当時有機農業をめざす全国のリーダーに大きな影響を与えるものになった。たとえば、福島県会津の熱塩加納村（2006年に喜多方市に合併）で農協営農指導員として集落単位での有機農業に取り組んだ小林芳正は、一樂の「有機農業は商品生産としてではなく、自給をベースにした生産者と消費者との相互信頼を基礎とした提携というあり方以外に道は拓けない」という言葉に大いに励まされたといっている[12]。

そして、無茶々園のメンバーにも、この一樂有機農業論との出合いが決定的な影響を与えたのである。この後の無茶々園の展開をみるとき、無茶々園は一樂有機農業論のもっとも正確な理解者であり、忠実な弟子のひとりであったと考えられる。

１９７７（昭和52）年には、ミカン専作で高収入を上げる品種に更新していくだけではだめだろうということで、カンキツ栽培を主体にしながらも、「畑と山と海が有機的に結合した町内複合経営」を夢見て、山のクヌギを伐採してシイタケの菌を打ち、長野県から日本ザーネン種のヤギを10頭買い入れて複合経営実験を始めた。ただし、これは経営的に成り立たず、挫折してしまう。

無茶々園は明浜農協を動かし、１９８１（昭和56）年には高山に、１９８４年には狩江に堆肥センターの建設を実現させた。

１９８３年には、「無茶々園栽培指針」を策定した。それによる「無茶々園化」、すなわち有機農業への転換のための栽培技術は以下のとおりであった。

春に10ａ当たり２ｔ以上の堆肥を施肥（これは牛糞をベースにえのき栽培の菌床クズ、バークなどを加え、農協の堆肥センターで３カ月熟成させたもので、１ｔ当たり５０００円）。加えて「無茶々１号肥」を温州ミカン系では10ａ当たり20袋（１袋15㎏）、晩柑系では30袋を何回かに分けて追肥する。１９８１年に開発された「無茶々１号肥」は、米ぬか６・魚粉３・骨粉１の混合チッソ肥料で、肥料成分はチッソ３・リン酸６・カリ１であった。１９８５年にはこれをさらに改良した「無茶々２号肥」になった。「無茶々２号肥」は米ぬか４・粉大豆３・油粕１・魚粉２の混合で、肥料成分はチッソ４・リン酸３・カリ１にした。リン酸を減らしてチッソを増やすことで10ａ当たりの施肥量を減らしたいということであった。

防除はヤノネカイガラムシ対策のマシン油の冬期１回散布にとどめ、除草剤を始めとする農薬は一切使用しない。カンキツの病虫害対策で悩み深いミドリクサカメムシの異常発生や、雑カイガラムシ、ソウカ病、アカダニ、サビダニなどの発生を完全に抑えるのは困難である。１９８４年には、病害虫被害を受けた果実も宇和青果農協に委託して「無茶々ジュース」に加工し、生果１kg当たり50～60円の最低価格を保障できるようにした。

無茶々園がスタートして10年、１９８４年には会員数が32人になり、生産量は前年の2倍の２００ｔになった。廣福寺「共同研究農園」の近くの古い民家を借りて、「無茶々園事務所」を開設した。この後、無茶々園の運動が地域に広がり、会員数も生産量も急増する。10年余にわたる無茶々園の運動実績と、オレンジ、果汁、牛肉の完全自由化を目前にして農家が危機感を募らせたことが背景にあった。

１９８７年には明浜農協が無茶々園を「有機農業部会」とすることを認め、翌１９８８年に発足した有機農業部会は会員64人、栽培面積56ha、生産量７００ｔになった。生産者への支払いも、１億２４００万円になった。翌１９８９年には１０５０ｔ（同１億５７００万円）に増え、明浜町産カンキツのおよそ10％を占めるようになった。しかしこの時期、栽培面ではソウカ病、カイヨウ病などの病害や、伊予柑人気の急激な低下などに苦労している。

１９９０年代の栽培技術

無茶々園は有機農業の共同事業化をめざす法人組織として「農事組合法人無茶々園」を１９８９（平成元）年に立ち上げた（資本金70万円）。さらに１９９３（平成5）年8月には、無茶々園の販売部門として「株式会社地域法人無茶々園」が設立される。資本金は１０００万円であった。１９９１年から始めたちりめんじゃこ、１９９２年から始めた真珠の販売は、農事組合法人ではむずかしかったからである。

同時に、会員の資格を正会員と准会員に区別し、「全園無茶々園化」という厳しい条件を正会員に課した。

農事組合法人無茶々園は、その目的とするところを規約第１条・２条で定めた。

〈農事組合法人無茶々園規約〉

第１条

１　本会は環境破壊を伴わず、地力を維持培養しつつ、健康的で味の良い食べ物を生産する無茶々園農法を探求し、その確立に資する事を目的とする。

2　併せて豊かな自然を愛し、健康な食生活、心の触合いのある地域社会の建設に取り組むことを目的とする。
第2条　本会は前条の目的達成のため次の活動を行う。
1　有機農業を基に自然をリサイクルさせる当地区にあった無茶々園農法の確立のため生産、研究等の活動を行う。
2　第1条の農法で生産した食物等とエコロジカルな町作りで出来た商品等の販売を行う。
3　機関紙「天歩」を発行する。
4　地域の諸団体と協力して理想郷を求め努力する。その伝統を子孫に受け継がせる。
5　第4項の活動の活動理論リーダー等の養成を行う。
6　消費者と連絡を密にし、親睦を深める。
7　先進地視察、研究会、研修会、講演会等を行う。
8　月例会は月に1回開き会員が必要と認めた時臨時会を開く。
9　その他必要なこと。
第2条3の機関紙「天歩」は、1991年に定期発行が開始された。

1991年9月5日の日付のある「天歩」No.1には、当時の会長・斉藤正治の以下のような「刊行にあたって」が一面に掲載されている。

「今、世の中国際化時代である。農産物一つをとってみても世界の状勢が価格をはじめ、あらゆる状況を左右する。それは、とりもなおさず情報の国際化である。我々無茶々園はもちろん、我々の住んでいる明浜町の産業、人間、自然も大きな風呂敷に包みこんでこの大きな価値を地域間、又は都会さらには世界へとくもの巣のように情報を発信する事が最重点課題である。もちろん、くもの巣の中心は東京でなく無茶々園だ。こ の中心から発信された情報が都会、他地域からの情報となって無茶々園に返ってくる。このような状勢のキャッチボール（ネットワーク）が盛んに行われてこそ無茶々園（地域）の存在する証であり、都会と地域が同じ土俵の上に立って、あらゆる矛盾を解決する糸口を見いだせるものと確信する。この機関紙がその役割を充分果たせるよう期待する」

ちなみに、本書第Ⅵ章「農家組織から地域組織」の冒頭で紹介する「LPG基地誘致反対運動」を記録した内海《うつみ》志航《しこう》著『虹の里へ』の「Ⅱ　虹の里へ」は、この「天歩」の１９９２年４月の第４号から、１９９９年５月の第47号までの40回にわたる連載であった。当時、「天歩」は、無茶々園会員だけでなく、明浜町全戸に配布され、コミュニティ紙として大きな存在であったようだ。

２０００（平成12）年改訂の「農事組合法人無茶々園内規」の正会員規定がたいへんユニークなので以下に掲げる。

１　自家菜園をもち、自分が食べる野菜を自給している事。
２　自作園地の全園を無茶々園化している事。ただし、隣接園の園主と生産面での摩擦が生じる様な場合は例外とする。
３　自作と小作を含めて、無茶々園に加入している面積が１ha以上である事。
４　自分が耕作するすべての園地に於いて除草剤を使用していない事。
５　大いなる夢とロマンを持ち、苦楽を共にする同志としてやっていける人。
６　月１回程度のボランティア活動ができる人。
７　入会後３年以上経ち、理事会で正会員に認められた人。

野菜自給を義務とし、有機栽培への参加も隣接園農家との摩擦を避けるよう柔軟な対応を可能にするとともに、「大いなる夢とロマンを持ち、苦楽を共にする同志としてやっていける人」であることを求めるなど、この時期の無茶々園の雰囲気がよく伝わってくる。

さて、１９９０年代になると、無茶々園は完全無農薬栽培をめざして、微生物使用の発酵肥料（ボカシ）、活性水、液体肥料（屎尿や魚・貝のアミノ酸・キトサン液肥）、土壌改良剤の研究開発に努力している。とくに液肥は南予用水の多目的スプリンクラー（後述）の利用をにらんだものであった。しかし、現実にはカメムシ、ダニなどの被害にたいへん苦労するのであって、１９９０年１月にはカメムシ被害に対して年２回に限って化学農薬（マシン油を除く）使用を認める「無茶々園化学農薬使用基準」を定めざるをえなかった。化学農薬やマシン油を使用する場合には、事前に申請書を提出させ、２年以上化学農薬を使用しない園を「無農薬栽培園」とし、新規加入園には低農薬を求めるものであった。カイヨウ病に対する化学農薬は、コサイド＋クレフノンまたは調整ボルドー、ソウカ病にはベンレート、サビダニ・カメムシには木酢や忌避剤による予防、異常発生時には適切な殺虫剤を使用という基準であった。

1991年度から3カ年計画で無茶々園を対象に実施された農水省「有機農業技術実証調査事業」では、土壌中にカリやカルシウムの不足、土壌の酸性化が指摘された。これに対しては、土壌改良には苦土石灰ではなく地場産業の廃棄物である真珠（アコヤガイ）貝殻を利用し、無茶々園肥料のカリ不足はカリ鉱石の粉砕物の添加で対応した。

土づくりに力を入れ、肥料では「無茶々園特号」、堆肥では「ボカシ大王」などの開発を行った。堆肥製造原料には近隣の三瓶町や伊方町の養豚場のオガ床や豚糞を入れ、農協堆肥センターの一部借り入れたり、「無茶々園堆肥センター」（俵津出荷場に隣接して設置）で独自に製造している。

1995年からは、会員の栽培圃場の登録制が採用された。

無農薬栽培園に登録されるには、①土壌が適正なミネラルバランスであること（土壌分析）、②適正な土壌改良（EC、pHの測定）、③適正な樹体管理（剪定、間伐、樹勢）、④適正な園地管理（防風垣の手入れ、除草）の4条件が求められた。無農薬栽培園として登録されていない園はすべて低農薬栽培園とされた。

1998年度には、農水省の有機農産物の検査認証・表示の制度化に対応して、農水省のガイドライン（有機農産物の日本農林規格JAS）に対応した栽培基準を導入した。農水省のガイドラインでは、有機農産物の生産方法の基準（ポイント）として、①堆肥等による土づくりを行い、②播種・植付け前2年以上及び栽培中に（多年生作物の場合は収穫前3年以上）、原則として化学的肥料及び農薬は使用しないこと、③遺伝子組換え種苗は使用しないこと、を挙げるものであった。

以下の無茶々園の栽培基準もこの農水省基準に合わせられた。

①有機栽培：3年以上有機無農薬栽培
②転換中有機栽培：1年以上有機無農薬栽培
③特別低農薬栽培：農薬年3回以内、無化学肥料栽培

南予用水スプリンクラーの完成と農薬散布

農水省による国営の「南予用水農業水利事業」は、1970年の「南予水資源開発計画」の策定に始まり、野村ダムの建設（1982年完成）、南予全域の樹園地末端までの畑地灌漑県営事業を待って、明浜町でも2000年度までにスプリンクラー灌漑事業が完了した。

無茶々園に参加する農家にとっても、カンキツ園でのスプリンクラー設置は、干ばつ時の灌水、有機液肥・木酢液・天然カルシウム・ミクロール液（液肥）などの散布の省力化、さらに樹園地の集約的管理による集落単位の有機農業化が可能になるという期待を抱かせるものであった。スプリンクラーによる農薬散布などは考えてもいなかった。

ところが、1996年に明浜町でスプリンクラーが最初に本格稼働した狩江地区の本浦では、スプリンクラー農薬散布が防除組合の多数決で決議された。それでは、有機栽培にはならないので、無茶々園会員は、会員の園地がまとまっている10haについては、「農薬非散布ブロック」であることを防除組合に認めさせ、スプリンクラー農薬散布を止めさせた。ところが、無茶々園会員の園地がまとまっていないので「農薬散布ブロック」となった園地では、無茶々園会員は自分の園地に立つスプリンクラーのヘッドに袋をかけて樹への農薬の飛散を食い止めた。しかし、農地への散布はどうしようもなかった。散布される農薬代は防除組合に徴収され、収穫されたカンキツは「低農薬栽培」として出荷せざるをえなかった。こうした事態のなかで、無茶々園農家と農薬散布賛成農家との対立が大きくなった。農薬非散布ブロック化ができなかった地区の会員が、無茶々園を退会せざるをえなくなる事態にもなった。渡江《とのえ》集落では10人の会員が2人に減った。この間に、スプリンクラーによる農薬散布を当然とする農家からの提訴による裁判という厳しい対立もあった。有機農業推進派と農薬使用派は、ようやくのことで和解案に合意し、①スプリンクラーでは農薬散布は行わず、灌水のみとする、②その代わりに、スプリンクラー施設の償還金を無茶々園が負担するということで決着した。

南予用水の付帯県営事業の農家負担は、10ａ当たりおよそ30万～40万円、5年据え置き20年償還であったから、毎年1万～2万円の償還が義務づけられた。これに農薬代やスプリンクラー維持管理費がかかる。

ところが、スプリンクラーの本格稼働が始まる1990年代末にはカンキツ販売単価が暴落する事態となった。1999年産のカンキツ平均価格は、農協共選場価格が1kg当たり50円以下というとんでもない採算割れ価格になった。これに対して、無茶々園は、減農薬で同じく1kg当たり180円、無農薬では200円で完売した。こうした事態が、「無茶々園のような減農薬や有機農業への転換にしか、活路は見いだせないのではないか」といった意識を、無茶々園に参加していない農家にも広げていくことになる。

2000年6月、「JAS法」の改正による有機農産物検査認証制度発足への対応が必要になった。①第3者認証機関（登録認定機関）が認定した生産者の生産したもののみが「有機」と表示・流通できる、②「有機農産物」として表示できるものは、化学農薬、化学肥料および化学土壌改良材を使用しないで栽培された農産物および必要最小限の使用が認められる化学資材を使用する栽培により生産された農産物で、化学資材の使用を中止してから3年以上を経過し、堆肥等による土づくりを行ったほ場で収穫されたもの、となった。無茶々園は、スプリンクラー農薬散布をやめる集落営農体制づくりが緊急課題になった。

2000年の春には狩浜地区（本浦と枝浦）の農家の7〜8割が有機農業化に賛成した。そこで無茶々園は農協に対して、「集落がまとまれば有機・減農薬栽培カンキツの共選扱い」、具体的には、有機・減農薬栽培カンキツの販売の無茶々園への委託とそれによる単価保証を要望した。明浜農協は1997（平成9）年に東宇和農協に合併し、明浜共選場も翌1998年8月末には宇和青果農協から東宇和農協に移管されていた。東宇和農協はこれを受け入れなかったが、本浦と枝浦の防除組合は総会でスプリンクラー農薬散布をやめると決議した。これで2000年度には、無茶々園参加1年目の准会員がこの2集落で30人近く増え、無茶々園化した樹園地は100haにまでなった。

有機栽培を主体に環境保全型農業

現在のカンキツ有機栽培の考え方は、表Ⅱ−1のとおりである。カメムシの異常発生など、地球温暖化にともなう気象災害とも関連するとみられる病害虫の多発化のもとで、除草剤・化学肥料不使用の無農薬栽培、有機栽培を基本にしながらも、緊急時には基準外の農

コラム

「個性を持ち続けながらも謙虚さを忘れない」

宇都宮　俊文

農事組合法人無茶々園の会長になったのが1999年、会社としての職員が増えてきたころだった。その前にはスプリンクラーでの農薬散布を止め、地域に迷惑をかけた。それは頭に入れておかなければならない。一般栽培の人たちにも意見がある。地域の農業は自分たちだけでやるものではない。しかし、止めていなかったらいまの無茶々園はなかっただろう。

2004年の台風被害は、個人的に車や倉庫にといろいろ投資したタイミングだったので大変だった。それで嘆いてばかりではいられなかった。農業とはこういうもの。何の事業をやっても投資は大事。腹を据えてやらなければいけないと思ってやってきた。大変なことも多くあったけれども仲間も増えた。しかし、人が増えただけで組織の底辺を上げていかなければいけない。放任と有機栽培は違う。自分たちだけの土地ではない。また、人とは違うことを続けなければいけない。自分たちの個性を持ちながらも、ある程度謙虚さは必要だと意識し続けてきた。生協の交流会に出たら、何百という生産者がいるなかで目立たなければ、と話し方を考えてきた。都会に行ったときも方言で話す。そのほうが興味を持ってもらえる。田舎は何もないと嘆く人もいるが、何もないことも宣伝になる。劣等感を感じるのではなく、自慢すべきことだ。

家族で楽しく仕事をして飯が食えたらそれが一番だが、田舎で雇用を増やすことも必要だ。これからも幅広い意味での仲間づくりを続けていきたい。

（『天歩』150号、2017年3月より）

1963年明浜町生まれ。愛媛県立宇和高校を卒業し、1982年から就農。1999年から2017年まで農事組合法人無茶々園の代表理事。2016年には西予市市会議員に当選。現在は長男の司とともに4haのカンキツ園を経営

表Ⅱ−1　最新の無茶々園カンキツ有機栽培基準

	2002−2015年度					2016年度
格付け	1	有機	3年	完全	補植防除なし	1
	2			マシン油・ボルドー使用		2
	3	転換中	1−2年	完全		1
	4			マシン油・ボルドー使用		2
	5			完全	補植防除あり	1
	6			マシン油・ボルドー使用		2
	7	化学農薬 1−3回使用	当年	問わず		3
	8・9	慣行栽培	当年			4・5

表Ⅱ−2　カンキツ格付け基準（2017年度）

格付け	旧基準	当年の防除内容	備考
1	1、3、5	なし	バイオリサも除外
2	2、4、6	有機基準農薬のみ	補植防除園も含む
3	7	化学農薬1−3回	カメムシ発生時は4−6回までの特例あり
4	8	パルエコ基準（特別栽培）	特別栽培（化学農薬5割・化成肥料5割削減）、除草剤不可
5		慣行的防除	

注：バイオリサはカミキリムシ対応の微生物（自然界に生息する昆虫病原性糸状菌）を人工的にパルプ不織布に固定した新タイプの微生物防除剤。

薬の最低限での使用で対応する特別栽培など、柔軟な対応となっている。

病害虫でもソウカ病には石灰硫黄合剤、ソウカ病、カイヨウ病にはコサイド、ボルドー、カイガラムシにはマシン油、サビダニにはイオウフロアブル、ゴマダラカミキリにはバイオリサ、ハモグリガにはスピノエースなどの有機対応農薬で対処できるが、カメムシにはアルバリン、テルスター、ロディなどいずれも有機非対応農薬しかない。

農薬の使用状況によって、2002年度には有機JAS認証栽培から慣行栽培にいたる9段階に格付けした独自規格基準を設定している（表Ⅱ−1）。

格付け1と2はJAS基準の有機栽培である。格付け1は、JAS基準で使用が可能な天然物由来の農薬（マシン油・ボルドー）も使用しない完全有機、格付け2は、それらを病害虫発生時に使用したものである。格付け3〜6は、転換中の有機栽培である。うち3は完全有機、4と6は、2と同じくマシン油とボルドー液を使用したものである。3と4については、補植した若木についても防除なし、5と6は補植若木への防除ありである。格付け7は化学農薬の使用を3回までにとどめたもの、格付け8・9は、慣行的防除を行うものである。うち格付けのもっとも低い9は、カメムシ異常発生時の特例で、化学農薬を4回以上散布したものとされている。

２０１7年度には、この9段階格付けを単純化するとともに、ＪＡＳ有機基準を撤廃して、当年ごとの防除内容にもとづく無茶々園独自の5段階格付けに変更した（表Ⅱ－2）。

旧格付けの1、3、5を完全無農薬の新格付け1とし、同じく旧格付けの2、4、6を有機基準農薬のみの使用を認める新格付け2、旧格付け7を化学農薬1―3回の新格付け3（ただしカメムシ発生時は4―6回の特例あり）、旧格付け8を新格付け4と、新格付け5の慣行的防除とした。新格付け4は、パルシステム生産者・消費者協議会の「エコ農薬削減プログラム」の「特別栽培」に対応したもので、化学農薬5割削減、除草剤不可とするものである。パルシステム生産者・消費者協議会や「エコ・チャレンジ基準」については、次の第Ⅲ章で紹介する。こうした無茶々園カンキツ有機栽培基準の改訂は、生活協同組合パルシステム連合会や生活クラブ生協との産直事業の進展のなかで、有機型・環境保全型農業のあり方についての消費者サイドとの綿密な協議に対応するものであった。一言でいえば、ＪＡＳ有機基準だけでは、消費者の求めるものには不十分であり、同時に生産者サイドにとっても格付け基準の単純化が求められたのである。

参考までに、有機対応「(基準内 (○)、基準外 (×)」を明記した「無茶々園使用可能農薬一覧」(表Ⅱ－3)を示しておこう。この表に示された農薬以外は使用できない。すなわち、除草剤は使えない。園地の草刈り作業は会員農家にとって、たいへんな作業である。

図Ⅱ－1は、これを産直提携する生協の組合員にもわかりやすく提示したものでもある。栽培実績グラフといっしょにみてみよう。Ａランク（無農薬栽培）の「除草剤や化学肥料は使用しない」ないし「農薬（殺虫剤・殺菌剤）はゼロからスタートしてなるべく少ない回数に」と、これにＢランク（有機栽培）の「病害虫の発生がある場合、まずは有機栽培で使用可能な天然物由来の農薬で対応」を加えて、栽培実績では温州ミカンは２０１２年度では40%、２０１３年度では10%以下である。Ｃランク（特別栽培）の「それでも抑えきれない異常発生時のみ有機栽培基準外の農薬を

表Ⅱ－3　無茶々園使用可能農薬　　2015年9月14日更新

病害虫	有機対応	農薬名称	剤型	使用期限など	回数制限
ソウカ	×	デラン	フロアブル	収穫30日前	3回以内
ソウカ、褐色腐敗	×	ストロビー	ドライフロアブル	収穫14日前	3回以内
ソウカ、カイヨウ	○	石灰硫黄合剤(※2)	水溶性液体	春～夏	ー
	○	ICボルドー 66D	水和剤		ー
	○	Zボルドー	水和剤		ー
ソウカ、カイヨウ、サビダニ	○	イデクリーン	水和剤		ー
カイヨウ、褐色腐敗	○	コサイド3000(※1)	ドライフロアブル		ー
カイヨウ	○	ムッシュボルドー	ドライフロアブル		ー
落果防止	×	マデックEW	乳剤	着色期から収穫20日前	1回のみ
カイガラ虫	○	マシン油各種	乳剤		ー
サビダニ	○	イオウフロアブル コロナフロアブル	フロアブル		ー
	×	サンマイト	水和剤	収穫3日前	2回以内
ゴマダラカミキリ	○	バイオリサ		カミキリ発生直前	ー
	×	モスピラン	水溶剤	収穫14日前	3回以内
カメムシ	×	アルバリン	顆粒水溶剤	収穫前日	3回以内
	×	テルスター	フロアブル	収穫前日	3回以内
	×	ロディー	乳剤	収穫7日前	4回以内
ハモグリガ(エカキ) 未成園・苗木限定	○	スピノエース	フロアブル	収穫7日前	2回以内
	×	フェニックス	顆粒水和剤	収穫前日	2回以内
	×	アニキ	乳剤	収穫前日	4回以内
	×	テルスター	フロアブル	収穫前日	3回以内
	×	ロディ	乳剤	収穫7日前	4回以内
	×	カスケード	乳剤	収穫7日前	2回以内
	×	アドマイヤ	フロアブル	収穫14日前	3回以内
	×	モスピラン	水溶剤	収穫14日前	3回以内
	×	ダントツ	水溶剤	収穫前日	3回以内
	×	アクタラ	顆粒水溶剤	収穫14日前	3回以内

①上記以外の農薬は使用できない
②農薬使用前に必ず「農薬使用申請書」を無茶々園生産部へ提出すること
③バイオリサを使用した場合の格付けへの影響はない
④苗木への防除は規定回数を必ず守り、それ以上やる場合はリスト中の別の農薬にすること
⑤剤型に注意すること（とくにアドマイヤ、アクタラは粒剤と間違えないように）
⑥農薬の使用にあたっては、商品記載の使用上の注意や、最新の情報を参照すること
※1コサイド3000は単体では薬害が発生する場合があるため、クレフノンをあわせて使用する
※2石灰硫黄合剤は展着剤をあわせて使用する

■ネオニコチノイド系農薬からの代替を推進する

ミツバチへの影響や残留性などで問題を指摘されているネオニコチノイド系農薬の代替を進めている
今後、代替品で防除効果上の問題がなければ、順次ネオニコチノイド系各農薬を廃止していく

	ネオニコチノイド系	非・ネオニコチノイド系
カメムシ	アルバリン	テルスター、ロディ
エカキムシ	アドマイヤ、モスピラン、ダントツ、アクタラ	スピノエース、フェニックス、アニキ、ロディ、カスケード
カミキリムシ	モスピラン	今のところなし

図Ⅱ－１　無茶々園の農薬使用の考え方と栽培実績

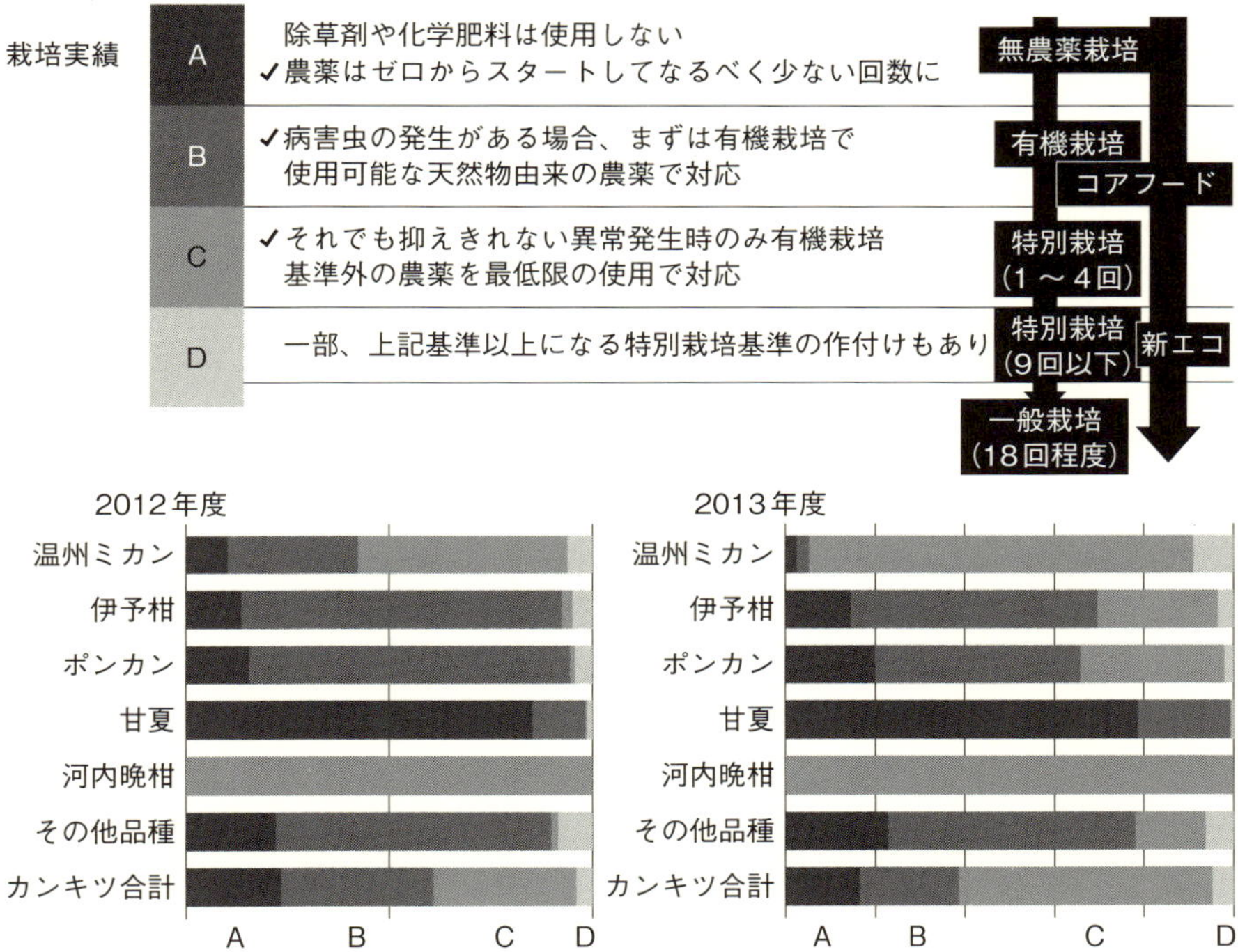

最低限（１～４回）の使用で対応」が、２０１２年度では50％、２０１３年度ではなんと85％ほどにもなる。温州ミカンにくらべると、伊予柑やポンカンは平年ならばAとBランクで90％、２０１３年度のような異常年でも70％余りを占める。河内晩柑（無茶々園は「ジューシーフルーツ」という品種名で販売している）は、A・Bランクはゼロで、全量がCランクにとどまる。

すなわち、無茶々園のカンキツ有機栽培技術はまだまだ未完成なのである。異常気象や害虫の多発が当たり前という現代において、有機栽培技術の向上のための苦闘は今後も続く。

さて、この格付け基準にもとづいて無茶々園が２０１７年度に会員に支払う単価を品種別に示したのが表Ⅱ－４である。販売区分で主力品種・全量販売とされるのが温州ミカン（極早生・早生・中生）、伊予柑、ポンカン、甘夏、ネーブル、レモン、清見、不知火（デコポン）、河内

表Ⅱ－4　格付け基準別支払い単価（2017年度）　　　単位：円/kg（税込）

品質	品種	販売	1・2 旧1～6	3 旧7	備考
精品	ミカン(極早生)	◎	200	160	日南1号
	ミカン(早生)	◎	230	180	
	ミカン(中生)	◎	230	180	
	ミカン(普通温州)	○	190	180	古い系統の温州
	伊予柑	◎	180	150	
	ポンカン	◎	230	180	
	甘夏	◎	130	100	
	ネーブル	◎	300	220	
	ハッサク	○	200	150	
	レモン	◎	250	200	精品としての出荷分
	清見	◎	250	200	
	不知火(デコポン)	◎	350	270	生産量50t超を目途に見直しを検討
	ニューサマー	○	250	200	
	金柑	○	700		
	黄金柑	○	400	320	
	かぶす	△	150	120	
	文旦	○	250	200	
	河内晩柑	◎	210	170	
	スイートスプリング	△	200	160	
	すだち	△	330	250	
	はるみ	△	300	230	
	はるか	○	250	200	
	スウィーティー	○	250	200	
	せとか	◎	500	380	生産量15t超を目途に見直しを検討
	紅まどか	△	200		
	はれひめ	○	300	230	
	かぼす	△	250		
	南津海	◎	400	230	
	甘平	△	500	380	
	ライム	△	350	270	
	じゃばら	△	350		
	ブラッドオレンジ	○	350	270	
	弓削瓢柑	○	300	230	生産量増で見直し検討
	シーカーシャー	△	400		
	媛小春	△	400	320	
	仏手柑	△	400		
小玉	甘夏	－	50	50	
大玉	その他品種	－	60	60	
加工	レモン	－	200	200	
	温州ミカン	－	30	20	極早生はその都度判断
	河内晩柑		20	20	
	その他品種	－	30	20	荷受け実施は品種によって異なる

注：販売の◎は主力品種で全量販売。○は準主力品種で全量販売をめざすもの、△は参考品種で全量販売や単価は約束できないもの。

晩柑、せとか、南津海など、準主力品種で全量販売をめざすとされるのが温州ミカン（普通温州）、ハッサク、ニューサマー、金柑、黄金柑、文旦、はるか、スウィーティー、はれひめ、ブラッドオレンジ、弓削《ゆげ》瓢柑《ひょうかん》などである。

新格付け4、5（旧8）の単価が示されていないのは、単価は時価とされていることによる。ちなみに東宇和農協の明浜共選場の2016年産温州ミカン（早生）の東京市場での単価は1kg230円で、出荷農家の手取りはこれから出荷経費95円（光センサー費や段ボール代などで膨らんでいる）を差し引いた135円である。無茶々園の温州ミカン（早生）の230円は1・7倍の手取りである。さらに無茶々園はいくつかの追加支払いを行っている。会員が自ら箱詰めした場合の手数料が1kg10円、個人消費者が生産者を指定した場合同30円、ネット詰め手間賃同15円、玉数え手間賃同10円、特選同50円、JAS有機認証同20円、卸部門箱詰め手間賃1箱10円などである。

無茶々園会員はこのような格付けにどう対応しているか。一例を示そう。

斉藤達文（無茶々園創始者3人のうちのひとり）は、本人に加えて3人のフィリピン人技能実習生の労働力で、温州ミカン、ポンカン、伊予柑、デコポンなど、総栽培面積9haという明浜町トップクラスの経営である。

改植中などの未成園を除く成園のうち温州ミカンは2・7haであって、格付け1・2が85aで31％、格付け3が1・85haで79％である。成園の10a当たり平均単収はほぼ3tであって、そのうち加工仕向けを除く精品（小玉を除く生食用出荷品を精品という）の収量は平均1・4tで、格付け1・2が13・6t、格付け3が23・8tである。格付け1・2の13・6t×230円＋格付け3の23・8t×180円＝741万円になる。有機型栽培で温州ミカンの単収を3tに近づけることができれば、無茶々園の支払い単価（農家手取り額）であるならば、生産費を償って、それなりの労働報酬を得ることができる。無茶々園農家の課題は、有機型栽培の単収を斉藤のように10a当たり3tにどれだけ近づけるかにある。

食の安全の確保をめぐって、栽培履歴の開示は有機型・環境保全型農業の展望をひらこうとする生産者団体にとっては不可避である。無茶々園では、2000年に大半の会員農家がパソコンを導入した。無茶々園が独自に開発した生産管理システムを活用して、農薬や肥料の使用履歴、作業日誌などの生産情報の入力を行うようになった。

２００１年には、ＩＳＯ（スイスのジュネーブに本部を置く非政府組織である国際標準化機構）の環境マネジメントシステムＩＳＯ１４００１の認証を全国２番目に取得した。これには、本書の編集、出版に協力している㈱愛媛地域総合研究所の助言指導が大きかった。おもな活動は、①化学合成農薬の削減、②化学肥料の使用撤廃、③廃棄物の適正処理である。

そして２００９年度に導入した新システムは、インターネット環境で構築し、情報の一元管理による共有が可能となった。さらに販売管理システムでの注文情報をつなぐことで、トレーサビリティの構築に取り組んでいる。生産データを栽培履歴として公開できるようにした。

また、会員の増加にともなって味のバラツキが問題となったこともあって、２００３年に糖酸度を非破壊で計測できる光センサー選果機を導入した。有機栽培・減農薬栽培による安心・安全だけでは無茶々園ブランドは維持できないと考えた結果であった。この光センサー選果機の導入で、会員には「うまいミカン」を作るという気運が高まったことは成果であった。

これからの課題は、生産情報システムに蓄積された生産情報と注文情報や光センサーシステムの選果データをもとにして、農家の経営分析に生かすことである。

カンキツ有機栽培の悩みは、果皮が害虫による食害などで傷のついたものを加工に向けざるをえないことにある。慣行栽培よりも加工品の比率が高くなる。無茶々園は果汁１００％ジュースやマーマレードなどの定番品に加えて、２００７年に伊予柑の果皮を利用した伊予柑エッセンシャルオイルを開発している。これについては次章で紹介する。

「四国エコネット」

無茶々園組織のあり方をめぐって大きな転換点になったのは、２００５年度総会で、明浜町中心で行ってきた取組みを、四国一円に有機農業や環境保全型農業を広げるという方針を確定したことである。

ちなみに、無茶々園会員農家は２００６年には、本拠地の明浜地区で80人、第Ⅳ章で紹介する直営農園関係（宇和島市の吉田地区、愛南町地区で計30人）と、１１０人であった。カンキツ生産量は、２０００年の豊作時には１９７０ｔ、不作時には１１００ｔに

コラム

次世代を担うリーダーたちの思い①

中川　真

親父たちの世代の立ち上げ当初は有機農業の波に乗っかって拡大してきました。いまは私たち子供の世代へと交代し、若手生産者の農業に対する考え方や経営のあり方も変わりつつあります。いまの無茶々園基準の栽培であれば、経営するにはある程度の反収でも十分でしょう。少なくともそこまでの栽培をみんなが実現できる方策をこれからも考えていかないといけない。伝統文化や先人の知恵は大事です。ただ、それだけにこだわらず壊して拓くロックな遺伝子を次世代やまだ見ぬ人たちとも共有したい。変わらないためにも変わり続けることが無茶々園の本質だと思います。いずれは理念や思想も一緒にして園地を次へとつないでいかなければならなくなります。時代に柔軟に対応していくためにも、さらに若い世代がやりたいことを自由にできる産地にしていきたいと思っています。

新規で就農する人や家の畑を継ぐ人にとって、いきなりこの明浜で自立するのはむずかしいでしょう。まずは、勤めながら、仕事の休みの日にでも小さな畑を自分で管理してみて徐々に面積を広げていき、経験を重ねるにつれてベテラン生産者からも信頼されてさらに畑を任されていく、というのが良いのではないかと考えます。

1972年明浜町生まれ。明治学院大学を卒業し、自然食品店へ就職。その後2001年に就農。現在は父と海外技能実習生とともに3haのカンキツ園を経営

私たちの考えている理想といまの栽培技術をうまく融合して実現させていく。難しいですが、現状に満足せず貪欲になって育ち育てていきたいです。

（「天歩」152号、2017年7月より）

まで落ち込み、隔年結果の是正が進まない状況にあった。隔年結果対策として、2000年からの改植促進(毎年1万本程度の改植)、明浜での会員拡大などの努力は行ったものの、計画どおりにはいかなかった。

そこで、考えられたのが、カンキツ有機栽培と環境保全型農業を、本格的に明浜町外に広げ、生協パルシステム向けの産直産地とすることであった。無茶々園の厳しい有機生産基準だけでは広がりにくいので、もう少し緩やかな基準を設定し、徐々に有機栽培基準にレベルアップしてもらうことで仲間を増やせないかとなったのである。

これに参加する農家は「四国エコネット会員」に登録し、地域協同組合無茶々園の会員ではなく、販売を担当している株式会社地域法人無茶々園と直接に取引してもらう。

そのために、参加農家には、無茶々園への出荷を予定している生産物の園地と作付け品種・面積を登録(計画作成3月頃)してもらい、9月に「実績確認」を行い、10月からの出荷開始となる。「実績確認」は、①農薬の使用実績(名称、使用日、倍率、使用量)、②肥料使用実績(肥料名、メーカー、原材料、使用日、施用量)が調査される。

四国エコネットの栽培体系には以下の3種類がある。

①無茶々園基準(農事組合法人無茶々園の基準と同等)。化学肥料と除草剤は使用なし、化学農薬使用は3回を上限とする栽培。ただし、カメムシの異常発生時に例外措置がある。

②特別栽培。おもにパルシステムの「エコ・チャレンジ」企画(第Ⅲ章参照)向け。愛媛県の栽培基準に対して化学農薬と化成肥料の使用量がそれぞれ50%以下。ただし、パルシステムのエコ・チャレンジでは、除草剤は使用禁止。

③一般栽培。温州ミカンや伊予柑など一部品種のみで、一般栽培と同等の栽培で作付けが可能である。ただし、販売先によっては、資材・農薬に制約もある。

2016年度では、愛媛県内一円に105人の生産者が加入している。地域別では、西予市内に35人、宇和島市に24人(ほとんどがカンキツの無茶々園基準栽培)、愛南町13人(河内晩柑やコメ)、中東予(今治市・西条市)に20人(カンキツと野菜)、その他13人になっている。

2015年の生産者別栽培体系と生産予想量では、カンキツ(無茶々園基準)が35人220t、カンキツ(一般栽培)が16人100t、河内晩柑(無茶々園基準)

コラム

次世代を担うリーダーたちの思い②

宇都宮　幸博

1975年明浜町生まれ。愛媛県立農業大学校を卒業し、一般企業に就職。現在は両親と海外技能実習生とともに6haのカンキツ園を経営。2018年農事組合法人無茶々園代表理事

無茶々園は産地としてどうあるべきなのか。いま僕が持っている園地を少しずつ良い園地へ移行していき、安心安全・有機農業の取り組みだけではない、他の産地や農家にはないところを作り出していく。さらに地域に人を呼んで、作っているものに対して、いかにファンを作っていくか、これが重要だと考えています。「あの人が作っているカンキツだから買いたい！」という人たちをこれから増やしていきたい。

キーワードとしては「体験」。無茶々園を訪ねた人たちとの関わりをその場限りにするのではなく、細く長く、さらに深い関係性を築いていくことが必要だと考えています。じつは、明浜町ではいろいろなスポーツができるんです。シュノーケリング、シーカヤック、スキューバダイビング……。近くにはキャンプ場もあってバーベキューだってできます。

よく海に潜ってタコを獲ったりしているのですが、山以外にも魅力的なスポットが明浜町にはあります。獲った魚やさまざまな産物を使って、ゲストハウスで生産者とお客さんと一緒に酒を酌み交わしながら、熱い思いを聞いてもらう。お客さんを受け入れる場所も作って、地域まるごと生かした交流を行い、長い付き合いのできるお客さんを増やしていきたいですね。

（『天歩』152号、2017年7月より）

が7人270t、ユズ（一般栽培）11人15t、その他、キヌサヤ、そら豆などの野菜やコメ（有機基準）の生産者である。

（注）

（1）無茶々園を立ち上げたメンバーを始め、明浜の農業後継者グループは、飲みながらの議論に熱中するばかりでなく、文章にして皆に思いを伝えることにも熱心であった。宇都宮氏康、佐藤元喜、上村与喜男、芝昭彦、遠藤昭作の5人が呼びかけ人となって、「自分達の本を作るための30人の会」を組織して、1982年に『ちょっと退屈な日々』と題する小型155ページの本を自費出版している。「ちょっと退屈な日々」というのは、彼ら一流の諧謔であろう。この斉藤正治の文章は、後継者グループのひとりであった浜木由規雄との連人による「無茶々園の歩み」と題する5700字のものである。

（2）佐久総合病院名誉院長松島松翠著『朝もやついて　農村医療ひとすじに』JA長野厚生連佐久総合病院、2016年「12　農薬中毒に取り組む」を参照。

（3）財団法人協同組合経営研究所『暗夜に種を播く如く　一樂照雄——協同組合・有機農業運動の思想と実践』㈳農山漁村文化協会編集・発売、2009年、60ページ。

（4）星野紀代子『旅とオーガニックと幸せと　WWOOF農家とウーファーたち』コモンズ、2016年

（5）前掲『暗夜に種を播く如く』66ページ。

（6）同上、67ページ。

（7）同上、69ページ。

（8）同上、75ページ。

（9）同上、72ページ。

（10）中島紀一『有機農業の技術とは何か』農文協「シリーズ地域の再生」⑳、2013年、44~48ページ。
なお、有機農業については、以下も参照した。

福岡正信『緑の哲学　農業革命論——自然農法　一反百姓のすすめ』春秋社、2013年。

日本有機農業研究会『一樂照雄が語る　有機農業の提唱』1989年。

日本有機農業研究会編『有機農業ハンドブック　土づくりから食べ方まで』農文協、1999年。

カトリーヌ・ドゥ・シルギューイ（中村英司訳）『有機農業の基本技術　安全な食生活のために』八坂書房、1997年。

本野一郎『有機農業による社会デザイン　文明・風土・地域・共同体から考える』現代書館、2011年。

特定非営利活動法人全国有機農業推進協議会編『全国の北から南まで　地域にひろがる有機農業』、2010年。

（11）J・I・ロデイル著（一樂照雄訳）『有機農法　自然循環とよみがえる生命』財団法人協同組合経営研究所、人間選書55、1974年。

（12）小林芳正・境野健兒・中島紀一『有機農業と地域づくり　会津・熱塩加納の挑戦』筑波書房、2017年、57ページ。

（13）うつみしこう（内海志航）『虹の里へ』夢企画（代表・宇都宮さち）、2008年。

第Ⅲ章

都市生活者との共生・共感

消費者との「顔の見える」関係づくり

無茶々園は有機農業の共同事業化をめざす法人組織として「農事組合法人無茶々園」を1989(平成元)年に立ち上げた。同時に、参加者の資格を正組合員と准組合員に区別し、正組合員には「全園無茶々園化」という厳しい条件を課した。なお、以下では、生協や農協の組合員とまぎらわしいので、無茶々園組合員・准組合員は会員・准会員と表現する。

さらに1993(平成5)年8月には、無茶々園の販売部門として、資本金1000万円で「株式会社地域法人無茶々園」が設立される(現在の資本金は6000万円)。

1990年代に入っての全国的な農協の組織整備・広域合併の動きのなかで、宇和島圏域でも、7つの総合農協(宇和島・南郡・吉田・津島・三間・鬼北・明浜)と2つの専門農協(宇和青果・マルエム青果)の合併構想のもとでの協議が始まった。結果的には、1997(平成9)年に、この合併構想から外れた1総合農協(明浜)と1専門農協(宇和青果)を除く6総合農協と1専門農協の合併で、「えひめ南農協」(本所は宇和島市)が発足した。宇和青果の合併離脱にともなって、明浜農協は1年後の1998年に、本所を明浜町の東隣の宇和町に置く東宇和農協と合併した。東宇和郡の4町のうち、宇和町、野村町、城川町の3農協を統合していた東宇和農協は、明浜農協の合併で郡内4町すべてを事業エリアとすることになった。そして、宇和青果に加入していた明浜農協青果部門は翌1999年に東宇和農協に移管され、組合員も宇和青果農協を脱退して東宇和農協の組合員になった。

宇和青果明浜共選場では、1987年以来、当時の宇和青果農協組合長の幸淵文雄や明浜農協組合長の中村吉平などの英断もあって、無茶々園は「有機農業部会」として共選出荷を認められていた。しかし、実際のところまったくきれいな果皮とはいかない有機栽培カンキツの大半は、「精品」(生食用出荷品)としての評価を受けるのが難しく、加工品に回されてしまうことになった。有機栽培品としてまともな評価を得、生産費を償う価格で販売するには、農事組合法人無茶々園として、農協共販ではなく独自販売の販路を見つける以外になかった。

伝手を頼って上京し、有機カンキツの宣伝に涙ぐましい努力が続けられた。日本有機農業研究会などを通じて知り合いになれた消費者グループなどのルートは貴重な販路になった。無茶々園のカンキツを口コミで広げてくれる人々はほんとうにありがたい存在だった。

当初手探りで広げていた個人販売の消費者は、NHKが1989年にテレビ番組「おはようジャーナル」で、苦労の多いカンキツの有機栽培に取り組む先進的事例として無茶々園を全国に紹介してくれたことで、いっきょに1000人を超えた。同じ1989年「農事組合法人無茶々園」を設立したのは、1989年であった。

1990年の日本有機農業研究会大会を明浜に誘致したことも、無茶々園の存在を全国に知らせるうえで貢献したはずである。

1995年に加盟した日本労働者協同組合（ワーカーズコープ）は、同年10月に「産消連帯委員会」を組織し、無茶々園カンキツの組合員への宣伝と販売を開始してくれた。

その後も粘り強い取組みを続けた結果、現在では個人顧客は9300人にもなっている。地域別には首都圏5200人（55・9％）、関西1250人（13・4％）、中部1100人（11・8％）、東北・北海道930人（10・0％）、中・四国570人（6・1％）、九州沖縄240人（2・6％）である。後にみるように生協産直のスタートが「首都圏コープ」（後の「パルシステム」）との産直であったこともあって、首都圏の個人顧客が最大で、5割強を占める。そしてこの9000人を超える個人顧客へのカンキツ直販は、無茶々園のカンキツ出荷の4分の1とたいへん大きな割合を占めているのである（61ページの図Ⅲ－2参照）。

個人顧客には、隔月発行の機関紙「天歩」が、商品カタログ、注文書、返信はがきとともに郵送される。

ちなみに、2017年2月に届いた、長いお付き合いをいただいている女性からの返信はがきには、以下のように書かれている。

「私は昔、保谷市で吉川さんが世話をしてくださっていた『よつ葉牛乳』をとっていて、無茶々園のみかんを皆でとって吉川さんがくばっていた昔から、片山元治さんのみかんをおいしく頂いていていました。次々に色々頂き、ネーブルが一番おいしいと思っていました。今回栽培が大変難しいことを知り、益々、おいしく頂いていています。私も昨年91歳となり、いつ迄頂けるかわかりませんが、長い事本当に有難うございました。皆様御元気で頑張ってください」（西東京市のグループ「よつ葉会」の女性会員）

栽培履歴の公表

生産者自らが箱詰めする段ボール箱すべてに生産者名のシールが貼られ、「便り」と、返信はがき（受取人払い）が同封される。A４横書きの「便り」の左側には手書きのあいさつ、右側には「無茶々園のカンキツ作りをご紹介します」とあって、図Ⅲ－１のように、過去３年間の栽培概要とともに、農薬使用情報が公開されている。過去３年間、有機、低農薬のいずれであったのか、当年度にあった病害虫被害と農薬使用が、農薬不使用、有機栽培で使用可能天然物利用の農薬、化学農薬（低農薬栽培）のいずれであったのか、農薬を使用した場合にはどのような農薬であったのかが記入されている。栽培履歴の公表なしに生産者を信用してもらうわけにはいかない。

生産者から商品を受け取った消費者は、返信はがきで便りを書くことができる。

「いつもおいしいみかん　ありがとうございます」というお礼の言葉とともに、しっかり品質評価をしてくれる。

「到着ただちに開函して全個数広げて確認しました。今回は、キズ・痛みありません。ご安心ください。収穫期の高温とカメムシにより不作だったとのこと、承知しました。無茶々園とのご縁も20数年になりますが、今年のようなことは初めてでしたので、ビックリした次第です。気象変動等ご苦労の多いことと思います。ありがとうございました。取り急ぎ、報告まで」（東京都世田谷区）といった嬉しい便りとともに、厳しい指摘や注文も少なくない。

「毎年、心待ちにして居ります。味の濃いおいしいみかんを有難うございます。ところが今年はどうしたことか、50％～70％痛んだものが、箱の中に10ケも入っておりました。出荷時に５～６ケだったものが、長旅で伝染してしまったのでしょうか？」（北海道釧路市）

「甘くておいしいです。失礼とは思いましたが、暖かいせいか、腐ったものがありました。青かびのもの８ケ、その他５ケ、箱の中が水分でびっしょりでした。次回も待っています」（茨城県水戸市）

「７・５㎏重量の梱包にはさらなる工夫が必要だと思います。梱包する前のミカンの取扱い方に問題があるのではないでしょうか。箱詰め前のミカンをぶつけたり、押し付けたりするショックを与えないようにしたらどうでしょうか。誠に勝手なことを言うようですが、

図Ⅲ－１　過去３年間の栽培概要とともに、農薬使用情報を公開

無茶々園のかんきつ作りをご紹介します。（※苗木の育成時を除く）

①環境負荷の少ない農業、ＩＴを活用した生産管理と情報公開に取り組んでいます。
②**化学肥料は使わず**有機物で育て、**除草剤は使わず**草対策は人力で行っています。
③**農薬はゼロをスタートとして最低限に**とどめます。使用する場合にも
天然物質を利用したもの（ＪＡＳ法の有機栽培で使用可能な農薬）を優先します。
④化学的に合成された農薬の使用は、病害虫の発生が多くやむを得ない場合にのみ考慮し、その**使用回数も最低限度に**抑えています。

過去３年間の栽培概要です。

今年 2017 年度	2016 年度	2015 年度
□有機　□低農薬　□他	□有機　□低農薬　□他	□有機　□低農薬　□他

有機…有機基準（上記③までの栽培）　低…低農薬栽培（④の栽培）　他…その他の栽培内容

『柑橘の病害虫』および『今年 2017 年度の栽培内容』です。該当する □ に ✔ を入れています。

	□ 農薬不使用	
	有機栽培で使用可能天然物利用の農薬	化学農薬（低農薬栽培）
2～9月 **カイガラムシ** 樹液を好んで吸う虫。いろんな種類がおります。虫の排泄物に菌が着いて黒く汚してしまう。	□**マシン油** いわゆる機械油。毒性ではなく油膜で包むのがポイント。	
6～7月 **ゴマダラカミキリムシ** 樹の根元に卵を産んで幼虫が樹の内部を食べる。一匹で一本を枯らせてしまう重大な存在。	□**バイオリサ** 自然界にいるボーベリア菌。カミキリムシに寄生する天敵。	□**モスピラン**
6～10月 **サビダニ** 0.1mm くらいの小さな虫だが果実を吸って変色させてしまう。夏～秋に乾燥が続くと増えやすい。	□**イオウフロアブル** 天然鉱物のイオウの粒子を薄く溶かした資材。	□**サンマイト**
9～10月 **カメムシ** 近隣の杉・ヒノキの山から襲来する。毎年出るわけではないが出ると大変なことに…。果汁を吸ってみかんの中身を損ねてしまう。		□**アルバリン** □**テルスター**
3～6月 **ソウカ病　カイヨウ病　黒点病** 葉っぱや果実に着く様々な病害。外観が悪くなるだけならばあまり気にしませんが、かなり深刻に出てしまう場合もあります。温州みかんのソウカ病がいま一番の悩みのタネ。	□**ICボルドー** □**石灰硫黄合剤** □（　　　　） 銅・イオウ・石灰など鉱物を薄く溶かしたもの。化学物質のなかった時代から使われる古典的な資材。	□**デラン** □**ストロビー**
11～12月 **落果防止** 気温低下で起こる冬季の生理落果。ジューシーフルーツが激しく大半が落ちることも。		□**マデック**
その他（　　　　　　）	□（　　　　　）	□（　　　　）

【愛媛県の一般的な栽培では化学農薬 18 成分が標準的な防除指針となっています。】

工夫をしてみてください。今後のために‼」（神奈川県横浜市）

無茶々園のカンキツを高く評価し、長いつきあいをしてくれている消費者ならばこその叱咤激励である。はがきの表に示されているように、消費者には届いたカンキツの生産者がわかっており、無茶々園宛てのはがきは仕分けされて生産者にしっかり渡るように分類されている。厳しい指摘を受けた生産者は辛いであろうが、それを乗り越えてこその都市生活者との共生・共感である。

無茶々園は、消費者との顔の見える関係づくりでは、「消費者交流と食活動」を重視して、一貫して力を入れてきた。生協組合員との交流をめざす「東京交流会」は、1979年以来、現在でも継続して開催されており、毎回10人に近い参加者がある。

都市部の消費者を招いての「ミカン収穫体験」「狩浜秋祭りツアー」漁業者と連携した「小学生ワカメ植え付け作業体験」「真珠ペンダントづくり」「海の水質調査」は人気のイベントである。

さらに、地元西予市内および首都圏の保育園や、小・中学校、特別支援学校に出向く「給食時間訪問」「食育授業」「学童保育」「未就学児童」にも力を入れている。これは2009年から続く取組みで、これまでに延べ62校を訪ね、これに参加した児童生徒は4094人にもなっている。

化粧品ブランド "yaetoco"

化粧品ブランドを立ち上げるきっかけとなったのが、無茶々園アロマオイルであった。

2001（平成13）年頃、ジュース粕（ジュースを搾った残渣）でエッセンシャルオイルができないかと考えた。大手の香料会社に当たってみたが、結局、うまくいかず断念した。

しかし、2005年になって女神が微笑んだ。松山市のアロマテラピーサロン「インクルージュ」から、「伊予柑でエッセンシャルオイルを作りたいから皮を送ってほしい」との連絡があったのである。「インクルージュ」は、アロマテラピーの普及活動を行うミュゼ株式会社（本社・大阪市）の石垣島の工房で製造してもらったオイルを送ってくれた。これならいけるということで、ミュゼ㈱の指導の下で、2006年3月に伊予柑アロマオイルの製造を開始した。翌2007年には、自社製造の伊予柑・ポンカン・甘夏・ユズのアロマオイルを商品化した。既存の取引先である生協を中心に販売し、年間300万円を売り上げたものの、それ以上の伸び代が難しく、どのように成長させていくかが課題であった。

ひとつには、製造コストの削減のためにオイル抽出工程の外部化を行った。2010年になって市場調査の過程で知り合った高知県の「株式会社エコロギー四万十」に抽出を委託したのである。

コラム

次世代を担うリーダーたちの思い③

平野　拓也

事業が広がっていくにつれ、私たちのような地域外出身者の役割も増してきました。農家に生まれても職業や地域を選べるようになって久しく、反対の道がなければ農家は先細る一方。仕事として取り組める役割と、住むところ、それらを継続してメンテナンスできる経営があれば、より多くの新しいメンバーを加えることができるようになります。

生産者も若返りが進んでいます。もともとは若い農家たちの実験園。無茶々園には若手へ早めに役を渡してきた伝統があります。親がはじめた有機栽培にどう向き合い、自信を持って山に上がれるか。いくら縦横広がっても足元の生産からは離れることができません。年月はかかりますが落差や傾斜地も歩き慣れてくるものです。見上げるような目標にも足元の段々畑にも並行して取り組めるのが無茶々園の面白いところ。維持していきたいのは自然だけではないこの環境かなとも感じています。

（『天歩』152号、2017年7月より）

1976年生まれ。京都出身。東京大学を卒業後、2001年に農業研修生として無茶々園に参加。2002年より職員として従事。現在、(株) 地域法人無茶々園専務取締役

yaetocoの家族化粧水

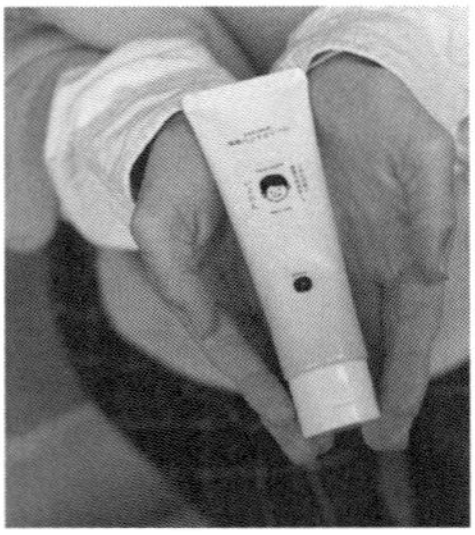

yaetoco家族ハンドクリーム

このエッセンシャルオイルを起点に、オイル抽出時に同時に採取できる芳香蒸留水、さらに、ミカン蜂蜜、ユズ種子、真珠貝粉末などの地域資源を加えた「化粧品事業」の展開を思いついた。

さらに、ローカルから発信する化粧品事業にふさわしい「ローカルデザイン」という考え方に注目した。

これらを実現するために化粧品商品開発に当たっては、自然派化粧品のＯＥＭ（相手先企業のブランド品の受注生産）で実績のあったアルデバラン株式会社（大阪府）に協力を要請した。

その指導のもとに、無茶々園産の化粧品には食品分野とは別ブランドでの展開がふさわしいとして、狩浜のお祭りの掛け声「やーえーとこー」から、ブランド名をyaetoco（ヤエトコ）とした。

yaetocoのめざすところは、①地元出身の女性が、②足元にある資源を使って、③自分たちの良さを表現し、④都会と相互に評価しあえる商品を作り、⑤主体性をもって情報発信（販売）し、⑥自立して働ける環境を作ることである。

化粧品事業はその後順調に売上げを伸ばし、２０１６年度には５４００万円にまで成長した。

産直事業

最新の無茶々園の販売先と商品構成は、図Ⅲ－２、３のようになっている。２０１６（平成28）年度では、合計８・３億円で、カンキツ類が４・９億円（59・０％）、ジュース・加工品が１・４億円（16・９％）、野菜が０・５億円（６・０％）、海産物が１億円（12・０％）、化粧品が０・５億円（６・０％）となっている。

無茶々園の発展は、生協運動の発展と軌を一にする。

１９８７（昭和62）年頃、明浜町の出身で、地元選挙区選出の衆議院議員田中恒利（旧社会党）に東京の生協を紹介してもらった。それが「首都圏コープ事業連合」（現パルシステム生活協同組合連合会、以下ではパルシステム）と生活協同組合生活クラブ連合会（以下では、生活クラブ生協）であった。無茶々園は、当

図Ⅲ－2　無茶々園の販売先構成

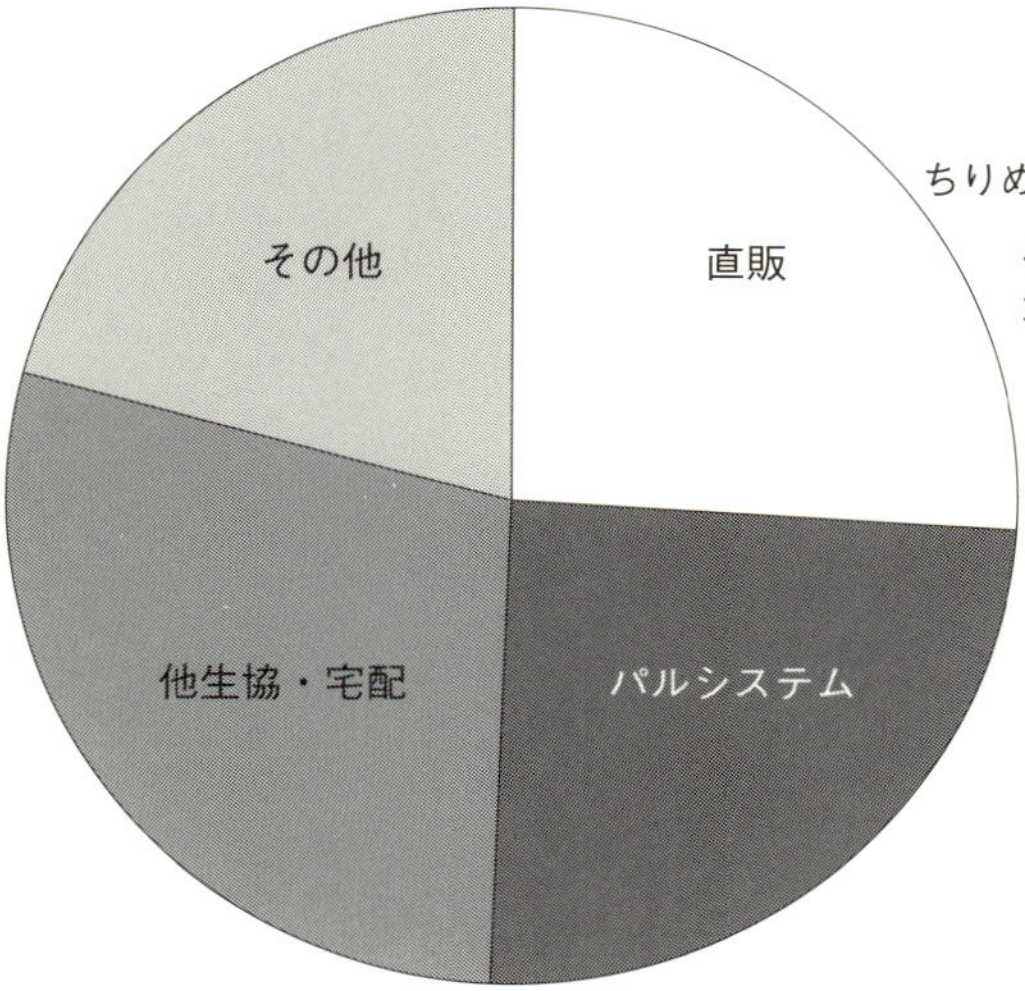

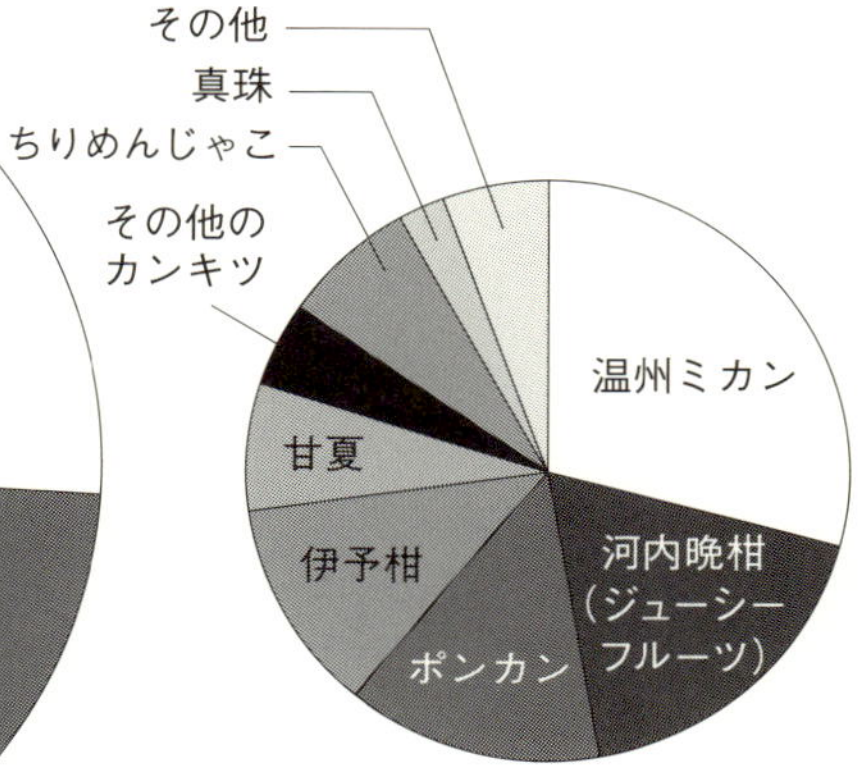

図Ⅲ－3　無茶々園の商品構成

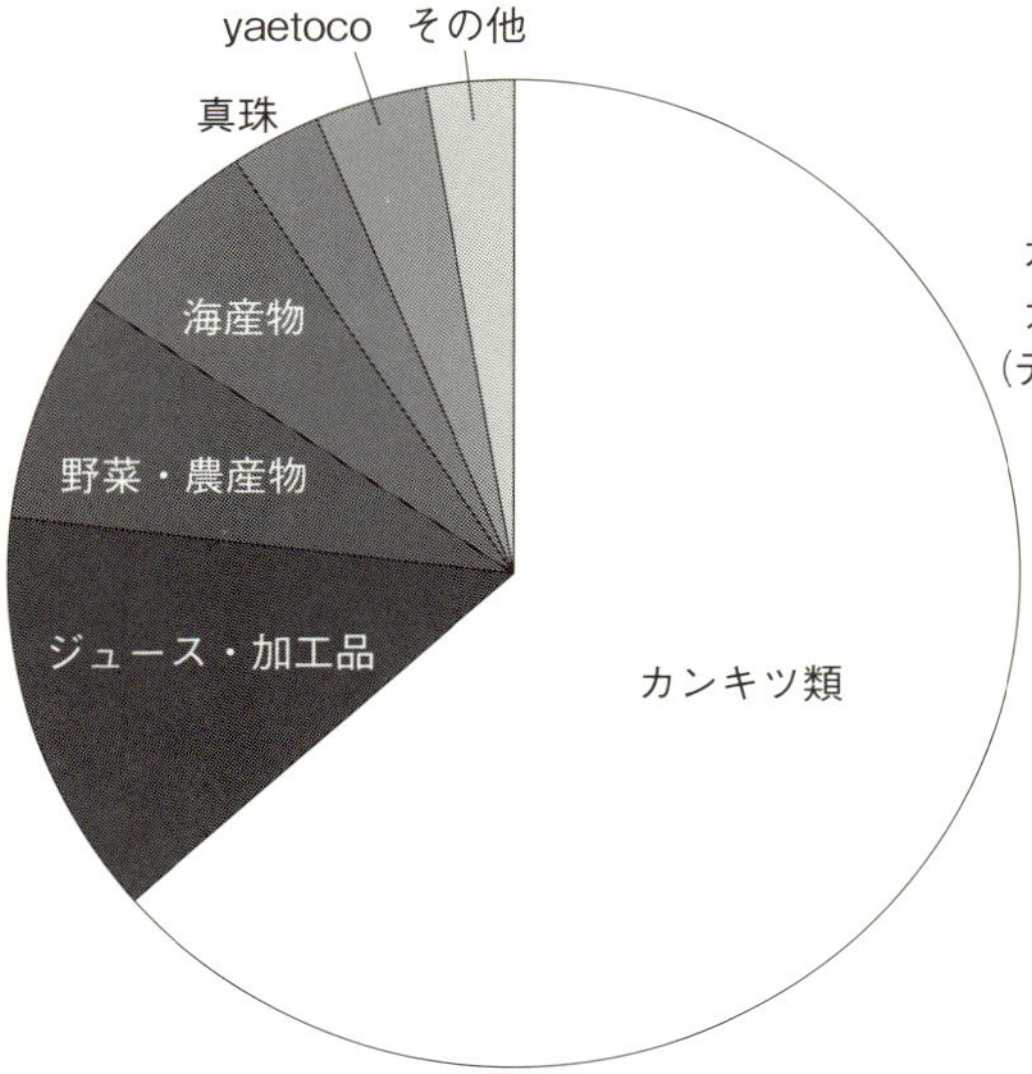

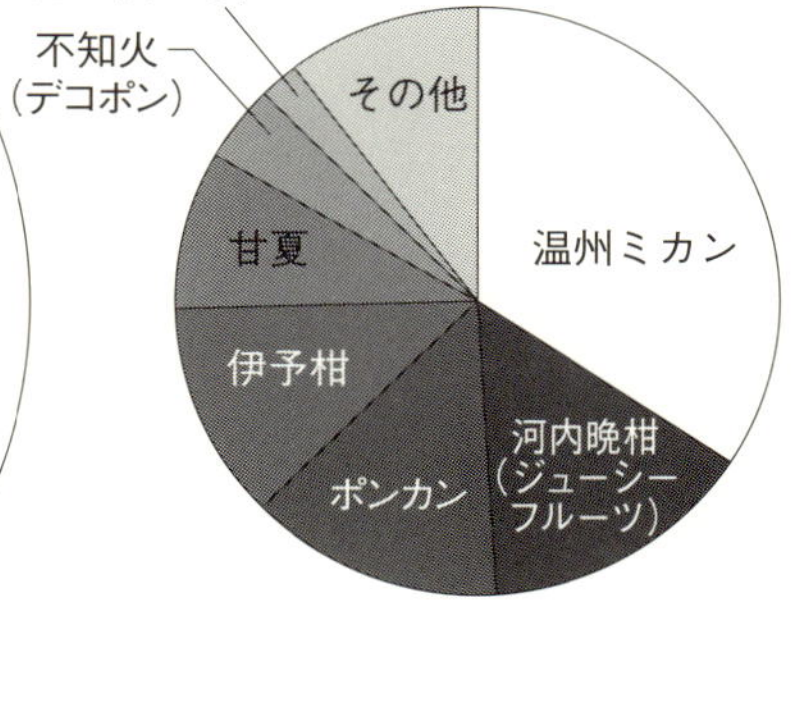

時の実力からして、生協の規模の小さかった首都圏コープとの産直を選択した。

現在では、無茶々園が出荷するカンキツの6割はパルシステムを先頭に、生活クラブ生協、よつ葉生活協同組合（栃木県）、生協あいコープみやぎ（宮城県）、常総生活協同組合（茨城県）、コープ自然派事業連合、コープえひめ生活協同組合などの生協が占めている。さらに㈱大地を守る会、らでぃっしゅぼーや㈱、㈱風水プロジェクトなどの消費者団体がほぼ2割といったところである。

この生協や消費者団体との産直事業が伸びることによって、無茶々園の経営は安定化する。そのなかで、無茶々園独自の「販売戦略」に位置づけられるようになったのが、「3割原則」であった。ひとつの販売先に出荷するカンキツは、総販売量の3割にとどめるという原則である。図Ⅲ－2にみられるように、産直規模のもっとも大きいパルシステムも3割を限度にしている。これは、特定の生協に販売を依存してしまっては、出荷量・価格をめぐる生協との交渉において、生産者側の要求の貫徹が困難になるという認識が根底にあることによっている。

実際に生協などとのカンキツの産直は、以下のような「工程」で行われる。

主力の温州ミカンを例にしよう。温州ミカンは、5月の開花の後、生理落果が終わると、7月にはその年の予想数量が大まかにわかる。そこで、無茶々園は7月頃に会員農家と栽培面積を契約する。そして、生協など産直の相手と調整を行い、品種・数量・単価・出荷時期（生協は共同購入の企画週）を大まかに確認する。価格は、生産者の生産コストを基礎に、再生産を

コラム

「自分たちは創業者に使われた世代（笑）」

大津　敬雄・川越　文憲

自分たちは創業者に使われた世代（笑）。はじめは狩江地区の農家後継者でも若いほうで、まだ、実験園だった無茶々園を手伝ったことがきっかけだった。そして斉藤達文さんから誘われて、一部の園地で加入

した。無茶々園の栽培方法で作ったら糖度が上がり、ちょうど父親から自分たちに代替りしたところだったから、そのうちに全園地の加入を決めた。

　苦労したこともたくさんあった。はじめの頃は生食用に出荷できず、販売先がなく収穫したものを捨てたこともあった。「浮き皮」（カンキツの実と皮に隙間ができ、輸送中に品質劣化を起こしやすい）で、コンテナ300杯以上を捨てたこともあった。ならば自分たちでジュースをと、搾汁設備を借りて作ってもみた。指導を受けながら作ってはみたものの、加熱温度が足りず、中身が発酵して爆発したものもあった。

　片山元治さんは責任者をつけず構想状態で走り出し、カンキツ以外にもいろいろなものを手掛けていった。シイタケから始まって、「フルーツランド」と称して農道も通っていない山にリンゴ、ヤマモモ、ギンナンなどを植えた。園地で飼いはじめたヤギがミカンの葉を食べ尽くしたりもした。設備もいろいろ投資したけれども、結局ほとんど使わなかったものは数えきれないぐらいある。

　当初は販売から搬送まですべてを自分たちでやっていた。車で東京までジュースを運んだり、当時の神田市場練塀寮に泊まって、電話番号と住所だけを頼りに客先を回ったり、生協の配送トラックに乗せてもらったり、東京でミカンを販売していたら消費者の方に声をかけられたこともあった。今の若手も、遠回りしながらでも消費者と触れ合う場に参加したり、いろんなことに挑戦してほしい。


（『天歩』150号、2017年3月より）

大津敬雄さん。1959年明浜町生まれ。愛媛県立宇和高校を卒業し、1977年に就農。現在は妻とともに2.4haのカンキツ園を経営

川越文憲さん。1958年明浜町生まれ。愛媛県立農業大学校を卒業し、1978年に就農。現在では長男とともに2.8haのカンキツ園を経営。2006年より、無茶々園生産者1人と愛南町で甘夏の出作りに挑戦し、2.5haを経営

保証する価格となるよう交渉する。その結果、会員農家には販売収益がほぼ計算でき、経営計画が立てやすくなる。

生協産直は40年もの歴史があるので、規格や販売数量の大まかな目安はわかる。しかし、台風などの自然災害による収量低下もあり、そうした被害が発生した場合には、規格変更の調整が必要になる。産直での苦労は、そうした調整能力が生協と産地の双方にあるかどうかであり、それが販売量や金額に直結する。とくに無茶々園のように、他の産地とは差別化した有機栽培カンキツである場合には、販売数量を間違えると、供給に過不足が発生し大きな問題になる。たとえば、1994年には、台風19号による甚大な被害とカメムシの大発生に見舞われた。産直担当者の、「温州ミカンはもうありません。規格を変更するか、欠品でお願いします」と生協の担当者に要請する苦労は並大抵ではない。

さらに、産直では出荷形態が多く、袋詰めに手間がかかる。また、契約数量よりも生産量が大きくなると、ジュース加工ないし廃棄処分を迫られるケースもある。近年では、「カンキツセット」や「野菜セット」、「食材セット」などで調整する方法によって改善はみられるものの、産直にとっての悩みは大きい。

しかも、卸売市場で同じカンキツの価格が暴騰しても、産直の契約単価は変わらない。市場での高値に動揺しないことが会員には求められる。とりわけ近年では、気象災害のリスクが高まるとともに、カンキツ生産農家の高齢化が進み、全国的にカンキツ産地の生産量が落ち込む傾向を強めるなかで、卸売市場価格の高値安定傾向がみられ、そこに産直ではなく、市場出荷に魅力を感じる若い生産者が増えているという現実も存在する。

パルシステムとの産直

現在の「パルシステム生活協同組合連合会」は、1都11県・組合員数約152・2万人・事業高2117・8億円の生協に成長している。無茶々園にとって幸運であったのは、このパルシステムが、首都圏コープ以来、「産直と環境の生協」を基本理念に掲げ、産直や産地との関わり方に独自性を発揮することに力を入れてきたことである。なお「パルシステム」という言葉は、英語の pal（友達、仲間）と system（制度、体系）を組み合わせた造語であり、個人の参加が大きな共同を作り出すという意味が込められているとのことである。

パルシステムの産直や産地との関わり方の独自性には、ひとつには、パルシステム生産者・消費者協議会の設立、いまひとつは農薬削減の独自基準作りがあった。

〈パルシステム生産者・消費者協議会〉

首都圏コープの主導で、首都圏コープとの産直事業に参加する生産者団体との協議会組織「首都圏コープ生産者・消費者協議会」（現在は「パルシステム生産者・消費者協議会」、以下では生消協とする）が立ち上げられたのは１９９０年であった。

首都圏コープが産直事業を飛躍的に拡大していくなかで、産直に参加する生産者団体の数も増え、産地も全国に広がった。そのなかで、「産直と環境の生協」という理念を希薄化させないためには、増えていく産直生産者団体すべてに生協の思いを明確かつ具体的に伝えることが求められた。それには、産直生産者団体それぞれが、生協とだけでなく、生産者団体相互間でも協議の場をもち、生産者団体間の連帯に道を開くべきだと考えられたのである。生協にとっては、産直事業における「団体交渉」の相手を自ら組織するということであった。

生消協の具体的な活動内容は、①先進的な有機農業技術の学習、②農法のレベルアップ、③環境保全型農業の発展、④生物多様性農法の推進、⑤遺伝子組み換え作物学習会、⑥土づくりフィールドワーク、⑦アニマルウェルフェア講演会・農法研究会などとなっている。青年農業者交流会や女性生産者交流会、くだもの祭り、連合会主催の産地交流「産地へ行こう」企画など多彩な活動が行われている。

２０１７年３月現在では１４９産地の生産者、12の生協、８つの賛助会員の合計１６９団体で構成されている。産地は北海道から九州まで、また海外産地のフィリピンやタイも含まれている。総会、幹事会のもとに「生産者運営委員会」と「消費者運営委員会」が置かれている。生産者団体の「生産者運営委員会」には、東北・北海道、関東・中部、関西・以西の３ブロックごとに「ブロック会議」、鶏卵、野菜、米、果樹、畜産の5産直品目ごとに「生産者部会」が置かれている。生協側の「消費者運営委員会」には、東京、神奈川ゆめコープ、千葉、埼玉、茨城・栃木、山梨、群馬、福島、静岡、新潟ときめき生協の10単位パルシステム生協とパルシステム連合会が参加している。

　無茶々園はこの生消協の設立当初から積極的に関わり、片山元治が幹事として参加した。現在では、大津清次が代表幹事を担っている。


〈農薬削減の取組みと独自基準作りへ〉


　生消協が取り組んだ事業として特筆すべきは、1998年からの「農薬削減プロジェクト」である。現在では、厳しい栽培基準を設定して、「コア・フード」と「エコ・チャレンジ」の2段階格付けでブランド化している（図Ⅲ－4）。

「コア・フード」は、有機JAS認証を取得した「有機農産物」、またはそれに準ずると判断される農産物である。パルシステムのトップブランドである。

「エコ・チャレンジ」は、化学合成農薬、化学肥料を各都道府県で定められた慣行栽培基準の2分の1以下に削減するとともに、パルシステムが定める「削減目標農薬」不使用のものをいう。青果は、除草剤、土壌くん蒸剤不使用である。米については、2015年産米からの実施である。

　この「農薬削減プロジェクト」の現場での確認を公開で行うのも生消協ならばこそである。「自分の口に入るものは、まず自分たち自身の目で責任を持って確かめたい。現場におもむき、生産者の声も聞きたい」という思いを生協組合員代表が監査人として参加する。1999年からの実施である。当時、農水省の認可団体による「第三者認証」が脚光を浴びていたが、パルシステムは組合員自身が確認する「二者」評価システムにこだわり、全国の生協にさきがけての取組みであった。

「公開確認会」に参加する生協組合員は、事前にパルシステムが主催する「監査人講習会」を受講し、その後、産地におもむくことで、提出される書類や生産者

図Ⅲ－4　パルシステムの独自の基準

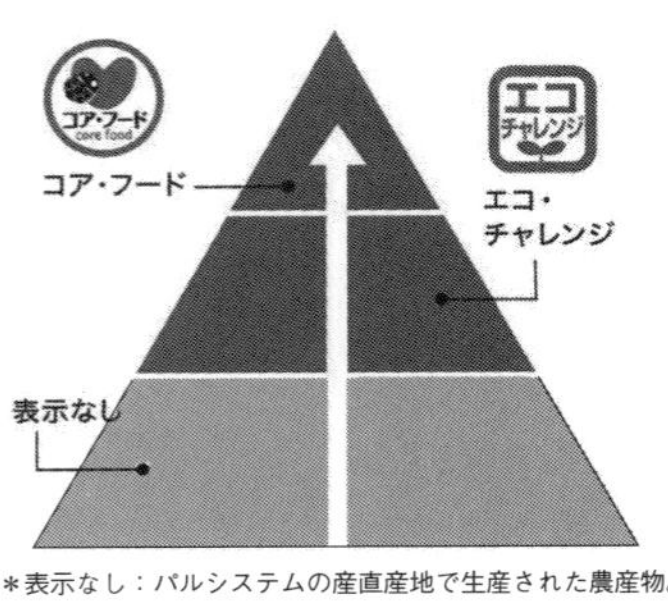

＊表示なし：パルシステムの産直産地で生産された農産物。

の取組みを客観的に評価できる。これまでの受講者はほぼ４０００人になっている。

無茶々園での実施は２００４年、２０１４年であった。生産者にすると、たいへん緊張感のある確認会であった。理念の整理、栽培規約、栽培記帳はあるか、第三者認証よりも産地にとっては有意義な監査会である。

「西日本ファーマーズユニオン」の立上げと生活協同組合生活クラブ連合会との提携

無茶々園の片山元治は、有機農業・環境保全型農業をめざす旧知の「王隠堂農園」（奈良県）、「やさか共同農場」（島根県）、「鳥越ネットワーク」（福岡県）といっしょに無茶々園を含む4生産者団体で、２００６（平成18）年に「西日本ファーマーズユニオン」を立ち上げた。その主たる目的は、「生活協同組合生活クラブ連合会」との提携を開始することにあった。

２００６年4月に、生活クラブ生協に提出された提案文書には、「西日本ファーマーズユニオン」のめざすものが、以下の5点に整理されていた。無茶々園のめざすものが大きく取り込まれている。

新しい協同社会を創造するために5つの協同を大切にする。

競争社会、格差社会の到来に対抗して、もう一つの市民参加型の社会として、自然・生き物との共生、都市と田舎の共生、国際社会との共生を大切にした協同社会を創造する。

①地域との協同

農協・生協・医療生協・漁協などの組織とも連携して、ゆりかごから墓場まで安心して暮らせる地域社会を実現する。

・コミュニティビジネスの開発支援（福祉事業・加工場・農家民宿など）

・地産地消の推進（学校給食、直売所）、自給率向上

②消費者・都市生活者との協同

顔の見える関係をより深く、一方通行ではない、相互理解をもって共感の経営を実現する。

・産直マイスター制度（産直講座などによる食育）

・商品開発（ワーカーズとの提携）

③生産者・労働者との協同

農業の発展のために、経営、技術のノウハウを共有し合い、ファーマーズユニオンを発展させる。

・先進的な取組みの経験を共有し、人間力・経営力の向上
・全国観点に立って、成功・失敗例を共有し合う。

④新規就農者との協同

実験農場の展開、大規模農場のパイロットを全国各地に広げる。合わせて新規就農者（国外も含む）の支援を積極的に推進する。

・「あいち」知多ファーマーズユニオンの挑戦・支援
・団塊の世代の農業参加の推進

⑤国際田舎との協同

日本ではなく、国際田舎（とくにアジア）の交流を深め、ともに発展していく。

「西日本ファーマーズユニオン」の提案に、生活クラブ生協（加藤好一連合会会長）にはとまどいがあったものの、その「私たち生産者（田舎）がしなければならないことは、全市民と連帯して顔の見える流通の再構築を進めることだ」という熱意に応えて、翌2007年に、無茶々園を含む「西日本ファーマーズユニオン」と生活クラブ生協との提携が始まった。

生活クラブ生協の独自の栽培基準「アースメイド野菜」

生活クラブ生協は、2016年11月から、産直野菜に独自の栽培基準を設定し、それを「アースメイド野菜」（生産者といっしょに土づくりから始める野菜です）としている。

基本は、①化学合成農薬や化学肥料はできるだけ使用しない。②「いつ・誰が・どこでどのように作ったか」という栽培履歴をすべて明らかにすることである。そのうえで、3段階の格付けを行っている。

あっぱれ育ち

栽培期間中、化学合成農薬と化学肥料を使用しない。「栽培期間」とは、収穫する畑へ種を播いた後、または苗を植えた後から収穫するまでの間をいう。

はればれ育ち

栽培している畑では化学合成農薬や化学肥料をできる限り減らす。化学合成農薬や化学肥料の使用基準は生活クラブ生協との協議で設定する。

たぐいまれ
「特徴のある味を持つ品種」や「地域で昔から栽培している品種」である。生活クラブ生協と生産者が話し合いながら取り組んでいる。

無茶々園の直営農場から生活クラブ生協に出荷される野菜は、この「アースメイド野菜」基準にもとづいて格付けされている。２０１５年９月からは、無茶々園の専務であった細島毅を生活クラブ生協に出向させ、アースメイド野菜の開発などに参画させることで、生活クラブとの新しい提携関係を築いている。

なお、西日本ファーマーズユニオンは、10年経過して事業高は約2億２０００万円、うち無茶々園の事業高は約６０００万円に成長している。第Ｖ章でみる海外事業であるベトナムのコショウ(２０１３年度から)、エコシュリンプ（粗放エビ。２０１７年度から）の国際産直の試験的な取組みも、この西日本ファーマーズユニオンの事業に位置づけられている。

第Ⅳ章　新規就農希望者研修センターと直営農園

多様な交流経過

無茶々園はユニークな有機農業を実践し、広く消費者を含む関係者との交流を活動の大きな柱としている。このため、基本的には「来る者は拒まず」のスタンスで外部者との多様な交流を行ってきた。

こうした交流の一環が農業体験研修生の受入れ活動であった。無茶々園が新規就農事業に積極的に取り組むようになるのは１９９０年代後半以降である。

無茶々園はすでにみたように１９８９（平成元）年にＮＨＫの取材を受け、その活動が報道された。このことは、消費者会員の大幅な拡大につながったが、同時に無茶々園での研修を目的にやってくる訪問者を増やすことになった。同年の訪問者は27人、そのうち12人が外国人であった。

無茶々園が農事組合法人となった１９８９年には、1カ月以上の長期滞在研修生が20人を超え、２人の外国人が帰化し、２人が永住を望んでいた。同年の総会資料には、「今後は百姓志願の優秀な若者ばかりか海外の若者も含めて常時三十名程の研修生を受け入れ、農業ばかりでなく漁業・商業などの研修ができるようにする。とくに海外からは、情熱のある女性を多く受け入れ、無茶々園の里に新しい血を注ぎ込む」とある。こうした実態を受けて、研修生を受け入れるための宿泊施設の建設構想が膨らんだ。

１９９１（平成３）年度総会資料には、それまでの来園を含めた研修生名簿が掲示されている。これを整理して示したのが、表Ⅳ－１である。この年次までの累計で合計47人（うち日本人33人、外国人14人（７カ国）を数える。

１９９１年時点で町内に定着した者は５人（うち外国人２人）である。それぞれ、日本人は無茶々園の職員としての採用が男性１人、無茶々園の生産者会員と結婚した女性１人、その他の定着が女性１人である。外国人は無茶々園の生産者会員と結婚した女性が１人、その他の定着が男性１人となっている。定着の仕方は、①生産者会員との結婚、②無茶々園の職員として採用、③その他、の３タイプである。①は無茶々園の生産者農家として生産に携わることになるが、②、③については農業生産以外の場での定着である。そのうち②の職員は、採用年に韓国の視察研修に派遣されるなど対外的な活動にも参画しており、翌年にはさらに１人が無茶々園職員として採用されている。研修生の中から

表Ⅳ－1　無茶々園の研修生受入れ実績（1991年度までの累計）

	計（人）	男	女	備考
計	47	26	21	
日本人	33	19	14	
定着	3	1	2	男性1人は無茶々園職員に、女性1人は無茶々園生産者と結婚、女性1人は町民に（非農家）
研修6カ月以上	7	5	2	夫婦1組
研修1～6カ月	5	4	1	
その他	18	9	9	研修生同士の結婚1組、大学生4人
外国人	14	7	7	ドイツ6（男3）、ノルウェー2（0）、イギリス2（1），アメリカ1（1）、オーストラリア1（1）、ブラジル1（1）、タイ1（0）
定着	2	1	1	男性1人は町民に（非農家）、女性1人は無茶々園生産者と結婚
研修6カ月以上	1	0	1	
研修1～6カ月	4	3	1	
その他	6	3	3	

資料）1991年度総会資料7ページ「無茶々園研修生名簿」から作成

の職員採用はその後も続くことになる。一方で、③は田舎暮らし志向による定着である。

一方、定着しなかった研修生のうち、研修期間が1カ月以上の者は17人（うち外国人5人）である。このうち2年間と期間が最長だったN氏は、無茶々園の生産者として定着することが期待されながらも、結局は他出するところとなった。このときの反省が、後に紹介する研修生の受入れ体制の整備につながっていく。1990年度総会資料には、「N君がついに百姓の夢開かずに、無茶々園の里を後にした。もっと労賃を出してやればよかったとか、彼は農業に向いていなかったかと反省、批判はきりがない。（中略）新しい百姓にはここにたどり着いてよかったなぁと思える程、集落のみんなで生活習慣まで含めて、手取り足取り楽しく教えてやらなければならない。新農業者が育たないような町、それは21世紀に生き残れない町と言えるのではないだろうか」とある。

こうして農事組合法人の立上げをはさむ1988年度から1991年度あたりまでの間は、研修生が多数訪れて、その一部が定着するなど、研修生受入れの取組みによる成果があがり、地域の活性化の効果がみられたことになる。

しかし、早くも1992年度には、来園する消費者や研修生との交流が低調となっている。生産者会員数は1989年の70人をピークに、1990年代は漸減状態となっている。個々の経営の面積拡大によって販売量がしだいに増加し、無茶々園メンバーは販売活動に忙殺されていったからである。このことが、1993年度に「株式会社地域法人無茶々園」を設立し、販売部門を独立させて販売専任職員を増員配置する背景ともなっている。

販売部門の独立は、農事組合法人の組織改革とも連動している。注目すべきは、1993年度の事業計画案に農事組合法人の任務として新規就農者、研修生の受入れが明記されている点である。研修生受入れ事業の要領および予算案が具体化されたのである。研修センターの建設費として2450万円、年間運営費として700万円の予算が計上された。研修の場所は、無茶々園生産者の農場のほかヤギ牧場（無茶々園経営）、加工委託先、事務所等が挙げられ、これに加えて「必要なら大規模農地の試作も」と記されている。この大規模農地の取得とその経営実践は、その後の「ファーマーズユニオン構想」へと連動していく。

新規就農希望者研修センター

研修センターの完成は1995（平成7）年秋である。翌1996年度には本格稼働となったが、当初はもっぱら消費者団体等との多様な交流の場として活用されている。

1997年を境に、農業研修生の受入れが意識的に取り組まれるようになり、同時に町外での農地取得計画が盛り込まれ、農業実践の場の確保と農業研修生の受入れとが連動していく。町外での農地の取得は、「家族農業から集団家族農業への価値観の転換」をめざし、無茶々園の生産体制の組替えを志向する内容を含んでいた。そこで構想されたのが、新たな農業を実践する中核組織としての「ファーマーズユニオン」づくりであった。

1998年度から農業研修生の募集に向けた本格的な取組みが開始される。この年度以降、毎年10人程度の就農希望者を募り、研修させることが目標となった。募集は全国農業会議所および都道府県農業会議に開設されている新規就農希望者への相談窓口への登録や、全国新規就農ガイドセンターでのガイダンス（農業法人合同会社説明会）への参加を通じて行われている。とくに、直接、就農希望者と面談できるガイダンス（ファーマーズフェア）には積極的に参加している。１９９８年度以降２００１年度までに、各年度それぞれ４回、２回、２回、１回の参加を行っている。

　ファーマーズフェアに参加した効果があり、１９９８年度には16人が研修生として来園、以降、１９９９年度に４人、２０００年度に29人（うち就農研修５人、体験研修など24人）、２００１年度に12人（就農研修１人、その他11人）を受け入れている。これらのうち１９９９年度の研修生の１人が後に新規就農し、２０００年度の研修生のうち１人が無茶々園の職員として採用されるなど、２００４年の８月時点では、新規就農者６人、無茶々園の職員３人を数える成果をあげている。２０００年を過ぎたあたりからは、新規就農希望者は無茶々園のホームページを参照して研修を申し込むケースが増えた。このため、ファーマーズフェアへの参加は、取組み当初と比較して重視されなくなった。それぞれ個々の就農過程の実態については後に紹介する。

明浜研修センター

なぜ新規就農者の受入れか

新規就農者の受入れは、無茶々園の展開とどう関連しているのか。ここでは、無茶々園生産者に対する対策と、カンキツ作以外の生産振興に向けた取組みに注目したい。

　無茶々園は１９７４（昭和49）年に３人の生産者によって創設されたが、彼らはいわゆる団塊の世代で当時20歳代の若者であった。その後、無茶々園はこれら年齢層をリーダーとして拡大、発展を遂げてきたが、当然ながらこの間には生産者会員は年ごとに加齢しており、これに対応した後継者の確保が求められることになる。

また、ミカンの市場価格は1972年の大暴落の後も長らく価格低迷を余儀なくされてきた。無茶々園の場合は独自の販売ルートを構築し、所得保証的な販売価格の固定化を実現してきたとはいうものの、カンキツ生産だけでは必ずしも十分な所得をあげられず、一貫して新たな生産部門の確保に向けた努力が行われてきた。こうした流れとも関連して、「次世代型経営のあり方」を模索する一環として新規就農者の確保も位置づけられることになった。

まず、新たな生産・販売部門の取組みからみていこう。

農事組合法人が設立された1989年度には、ヤギ牧場の建設計画が示され、ビワ、キヌサヤ、摘果ミカンの試験販売が行われている。それ以前の販売品目はカンキツおよびカンキツ加工品（ジュース、マーマレード）がほとんどであったことから、本格的な生産多角化をめざしたことになる。1990年5月にヤギ牧場の建設が開始され、同7月に牧場を開設して、長野から購入したヤギ（雄1頭、雌9頭）を放牧している。ヤギ牧場は5年間で独立採算を図ることとし、ヤギ乳アイスクリーム等の加工品生産を視野において、ミカン加工品ともあわせて多様なデザート商品の開発をめざすものであった。カンキツを中心とした生産・販売は端境期の5月から10月にかけての販売がきわめて少なく、消費者が望む生鮮品の周年供給化をめざす必要があり、加えてこの時期はカンキツ栽培の労働投入も比較的少なく労働の有効活用にもつながることがその背景にあった。しかし、残念ながらヤギ牧場構想は計画どおりに進展せず、1996年に飼養中止となった。

ヤギ牧場とは別に、無茶々園以外の有機農産物生産者との連携で確保した野菜、穀物等を無茶々園の販売ルートを使って販売することも提案され、後に、「有限会社イー・有機生活四国」（2000年設立）に受け継がれていく。そして、新たな生産部門の拡大は、明浜町域を超えた農地取得をともなう生産拠点の整備によって進められることになった。

ところで、農事組合法人無茶々園は、販売剰余金が発生した場合には、その全額を生産者に配分することはしていない。剰余金は基金として留保し、不作時の補てん金、新たな事業展開のための原資、さらに高齢化にともない離農する生産者会員の離農年金や職員の退職金等として積み立てている。この基金を活用しての農地購入は、１９９３年度の「無茶々園組織改革案」に盛り込まれていた。こうしてカンキツ園だけでなく、機械化を想定した大規模農地での有機農業経営実践が提案され、農地取得に向けての合意形成が図られていく。

１９９５年度には「協同で興そう新しい出作り農業」をめざした具体案が示されている。当面はカンキツ作を中心に、１００haの町外農地の保有、大規模営農のための農機具の購入、その他農場に付帯する施設としてキャンピング場、託児所、合宿所、給食施設等の建設が構想された。

大規模有機農業を実践する農地を獲得する資金として、連携する消費者に「農地共有・文化共生基金」への応募を要請し、２８１人から合計１０３０万円もの基金を得たことも無茶々園らしい。無茶々園は設立20年にして、それだけの消費者からの信頼を獲得するまでになっていたのである。一口１万円での出資を要請した基金の「出資のお願い文書」には、「生産者と消費者の間に農地の共有・文化の共生の関係をつくる」という取組みを開始したいのだとして、以下のようにある。

――今後、私達農業者は、地域社会に閉じこもることなく、日常活動の範囲を積極的に拡大し、都市消費者とも交流連携を深め、食と農の分野を通じて、生産者と消費者も、ともに健やかに共生できるような環境条件を創ることを目指したいと思っています。

農地は、農業者にとっては工場と同じく生産の場であります。しかし、現在の税法上では工場は償却資産であり損金に算入できますが、農地の資産償却は認められておりません。……こうした中で、生産の基盤である農地は、収益性の高い企業的農業者やまもなく認められるであろう株式会社等にとっては、容易に入手できるが、零細な農業者やその集団である無茶々園の様な組織では、資金力が弱いため、益々高嶺の華という状況になると思われます。

しかし、私達の志は高いものがあります。皆様とともに、「農地の共有・文化の共生」という課題に取り組み、食と農の分野を通じて、生産者と消費者が共生できる環境を作る。そうした環境づくりを通じて健康で多様な農村空間を再構築したいのです。

このため、この度、消費者の皆様とともに「農地共有・文化共生基金」を作ることとしました。是非とも趣旨ご賛同のうえ、ご出資をお願いいたします。

ちなみに、出資を得た1030万円については、2015年までに全額の償還を終えている。

次に、新規就農者の生産者対策としての意味である。地域をめぐる一般的な状況として、「最近の高齢化、後継者不足により若手農家にミカン園が集まるようになった。ほとんどの若手農家が2ha程度を栽培してい る」(1990年度総会資料)と指摘されている。借地等を通じたミカン作の規模拡大の動きである。こうした中にあって、無茶々園の場合は独自の販売ルートを構築し、所得保証的な販売価格を実現してきたので、一般のカンキツ生産者よりも安定的な経営が可能となっていた。このため、生産者会員数は伸びなくても、個別の規模拡大が行われることによって産地規模の拡大が継続した。

生産者会員の園地は、無茶々園化された園地と一般園地(慣行栽培)からなる。前者のみが無茶々園の園地面積にカウントされ、無茶々園を通じた販売となる。一般園地から無茶々園への転換に関する目標は、1990年度には「自園地の50%以上を2年以内に無茶々園に」であり、1993年度では「1ha以上かつ70%以上の無茶々園化を」となっている。この間の無茶々園化の動きが比較的順調であったことを示している。

しかし、一方では無茶々園の生産者会員の高齢化が進み、後継者の確保が十分でなく、無茶々園としても生産者対策を検討していかざるをえない状況が深まっていく。1991年度には「後継者を育てるためには休日、休暇の設定が必要」としているが、具体的な提案までには至っていない。また、1995年度には後継者に安心して継がせる体制として、農業従事者1人当たり300万円の所得の確保、厚生年金を貰える法人化(数戸共同)、近距離での親子別居等を挙げ、後継者のリストアップと教育、研修の必要性が指摘されている。こうした経過はあるものの、後継者の確保は十分ではないまま、一方で高齢生産者対策の比重が増していく。

1994年度の提言で、荷造り体制は原則として個人選果・荷造りとしながらも、今後の高齢化対策を考え、グループ選果ないし無茶々園事務所での選果・荷造りを導入することが検討されている。生産者の高齢化にともなって、その労力軽減を図る対策が必要との認識が示されているのである。しかし、そのような体制ができあがるまでには、その後10年の期間を要することになった。2000年に取得していた宇和出荷場に、2002年に光センサーを装備した選果施設を設置し、この施設の稼働によって生産者の選別・荷造り作業を肩代わりできる体制が整ったことになる。

ところで、高齢者の労力軽減よりもさらに深刻なのは高齢生産者のリタイアにともなって増加が見込まれる荒廃園地をどうやって解消していくかの問題であった。放棄された園地は、2年経つと園地として復帰させることはかなり困難になる。後継者がいない園地を引き受けてくれる新たな担い手の確保がきわめて重要な課題として意識せざるをえない。これが、新規就農者の確保に向けた取組みの背景となったのである。

1998年度に示された次年度の事業計画案に「個人で作れない畑は、計画的に新規就農者に譲渡する。（新規就農者の定住システムの体制づくりを）」とあり、新規就農者が新たな担い手であることが明確に位置づけられている。こうして生産者対策と新規就農者受入れ事業とが重なりあっていくのである。

「ファーマーズユニオン」構想

無茶々園は、研修生の受入れおよび新規就農者育成機関として、1999年に「ファーマーズユニオン天歩塾」を設立した。

この組織は大きく二つの目的を持っている。一つは産地としての無茶々園の維持を図ることであり、もう一つは新しい農業の形態を模索することである。

前者については、研修生が新規就農者として定着する際に、経営縮小や離農を希望する既存会員の園地を引き受けることを通じて行われる。新規就農にまで至らなくとも研修の段階で生産者の園地作業を手伝うことで、労力不足の生産者をバックアップすることができる。明浜町内には研修生用の共同園（約1ha）が確保されている。

これに対して後者については、端的に集団出作り農業の実践をめざし、既存の経営形態を超えた新たな取組みである。集団出作り農業を中心となって担うのは、研修生であり、出作り農場は「天歩塾管理農場」と位置づけられる。また、同農場での活動成果を踏まえて、将来的には既存の無茶々園生産者の経営のあり方を組織的に変革していくことが想定された。

出作り農場（図Ⅳ－1参照）は、明浜を挟んで、県南部の御荘《みしょう》、城辺《じょうへん》、一本松（現・愛南町）と県北部

図Ⅳ－1　無茶々園の出作り農場の位置

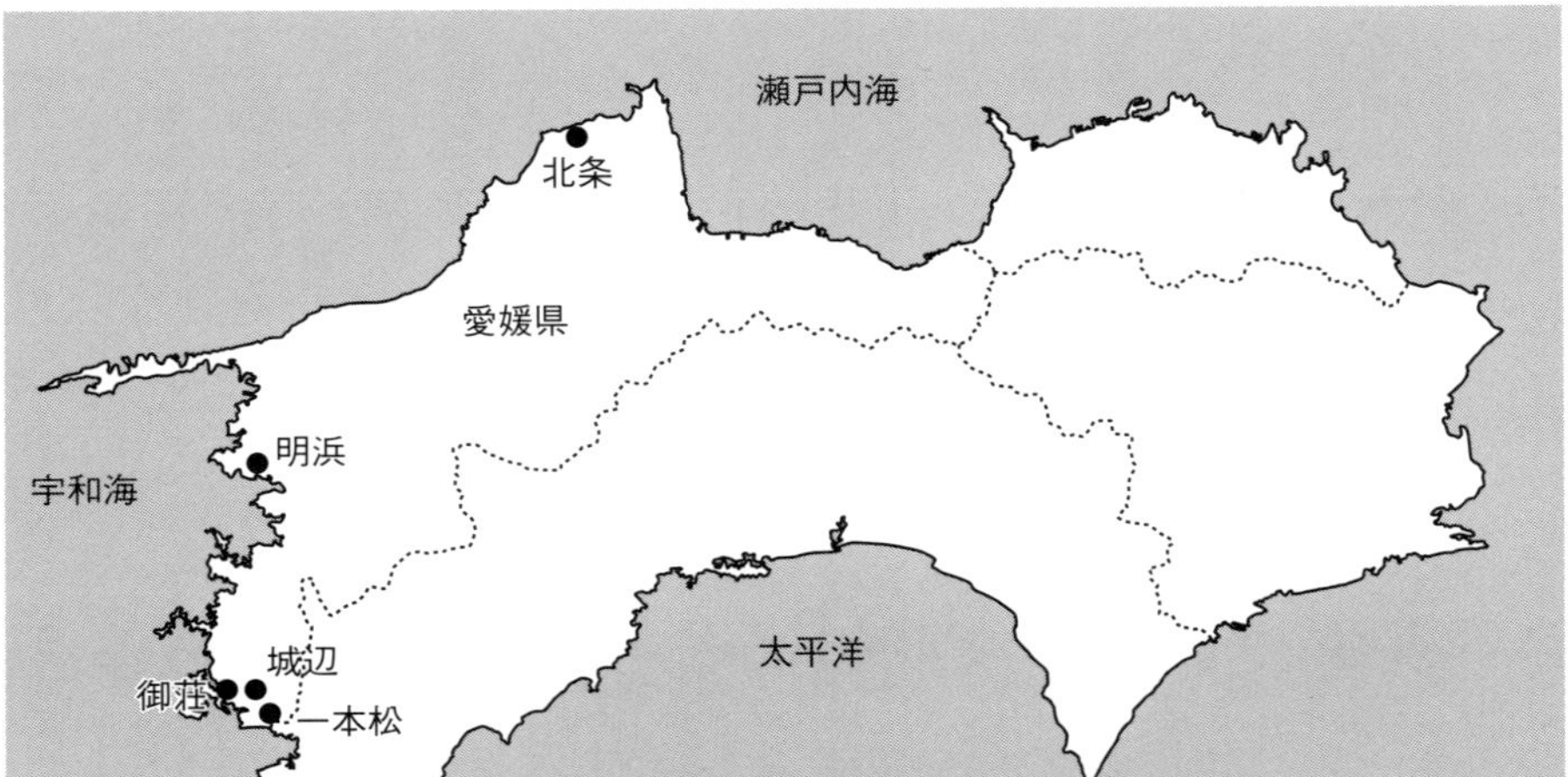

資料）無茶々園ホームページ
注）無茶々園本拠は明浜（西予市）、御荘・城辺は甘夏などカンキツ中心（一部紅茶園）、一本松は大規模野菜作と穀類、北条（風早農場）は野菜・穀類など。

の北条（２００５年、松山市に編入）に位置している。その後、それぞれの農場が、無茶々園の新規農場としての役割を果たしていく。

農地取得は１９９８年の南部が先行した。南部農場では、現在、御荘と城辺あわせて６haの園地があり、甘夏を中心に土佐文旦、ニューサマーオレンジなどを生産しており、別途開拓された園地２haでは、徐々にではあるがレモンの収穫が開始されている。なお、出作りの野菜栽培をめざした一本松農場は、軌道に乗らず２００６年に撤退している。

一方で、北部における農地取得は、やや遅れて２００１年に始まるが、２００４年にヤマギシ会から15haの農場を購入することで一挙に規模拡大をなしとげている。この農場は規模が大きいことに加えて明浜から遠く、通作することが困難なことから、２００４年には宿泊施設を確保し３人の研修生を派遣している。明浜に次ぐ、生産・研修の拠点として置づけられたのである。あわせて、同年に農業生産法人「有限会社ファーマーズユニオン北条」を立ち上げ、「ファーマーズユニオン天歩塾」と運営を分けることになった。しかし、それぞれが独自に運営されることで、全体としての生産効率が上がらないといった問題

表Ⅳ－２　ファーマーズユニオン天歩塾の概要（2016年）

農場	北条	風早農場（野菜）　4ha 萩原農場（果樹）　10ha	ニンジン、ダイコン、ジャガイモ、そら豆など 伊予柑、ユズ、キウイ、ブルーベリーなど
	明浜	明浜農場（果樹）　1.2ha	温州ミカン
	愛南	御荘農場（果樹）　3ha 城辺農場（果樹）　1.2ha	甘夏 レモン
労働力		職員スタッフ7人、海外研修生4人、長期研修生1人 （農場での作業従事のほか、無茶々園農家への作業応援も実施）	
事業高		約6,000万円（2011年度から事業黒字化）	

北条風早農場

から、２００９年には、運営一元化に戻している。

こうした運営方式の変更に加えて、それまで行ってきた地道な土づくりの成果もあって２００９年以降には、事業高実績が着実に増加している。すなわち、２００９年の事業高が３３００万円であったが、２０１３年には５６００万円、２０１６年には約６０００万円となっている。

ところで、北部農場は二つの農場からなり、「北条風早農場」（４ha）はカンキツではなく野菜生産にチャレンジしたパイロット農場である。現在では、タマネギ、ジャガイモ、ダイコン、ニンジン等の根菜類や豆類の有機認証を取得した栽培が行われている。２０１４年からはオーガニック乾燥野菜「てんぽ印の干し野菜」の製造も行っている。もう一つの「北条果樹農園」（10ha）は効率的なカンキツ生産をめざし、伊予柑を中心にユズ、キウイなどの有機認証生産を行っている。

こうして、ファーマーズユニオン組織を核とし、研修生と無茶々園会員農家が一体となって新次世代型の農業経営のあり方を追求する枠組みづくりが進められたのであるが、この取組みは三つの効果をもたらしたといえる。

第1は、既存の明浜での生産に新農場が加わることで、多品目化と生産期間の拡大が図られている点である。カンキツ類の地域分担による多品目化のほか、新たに野菜の有機生産にも取り組んでおり、周年的な労働投入と販売が期待できる。

第2に、こうした取組みは、無茶々園グループのさらなる複合化・多角化への道を開くことになった。農産物の生産多角化は、自ずとそれらを使った加工品開発・販売へとつながっていくことになった。

第3に、農業生産法人の立上げによって、企業的な経営感覚が必要となることから、かかる人材の育成が図られることになった。加えて、この組織が新規農業就農者や農業研修者の更なる受け皿として機能していくことになる。

あらためて、ファーマーズユニオン天歩塾の現状を示せば、表Ⅳ－2のようになる。

新規就農者の就農の実際

無茶々園の1997（平成9）年以来の積極的な新規就農者受入れ事業は、広く注目を浴びるものであった。本章を執筆している筆者も、農林水産政策研究所の研究員としてかかる実態について調査を行い、その概要について発表している。ここでは、あらためて当時の調査結果を再整理して、新規就農者の就農をめぐる状況について紹介していくことにしよう。調査は、新規就農に向けた取組みがもっとも盛んだったと目される2004年に実施されている。

〈研修生から新規就農に至る経路〉

無茶々園では、「ファーマーズユニオン無茶々園研修生規約」を設け、これに沿った受入れ事業を推進している。同規約（2004年）の内容を簡単に紹介すれば以下のようになる。

研修の目的の一つとして、「研修を通して一人でも多くの研修生が無茶々園の里の仲間として就農し、永住できるようにする」と明記されている。研修生には、三つのタイプがあり、1年未満の研修を行う研修生は「体験研修生」、1年間以上を「就農研修生」、1～2年間の研修を行う「外国人研修生」としている。このうち、「就農研修生」が無茶々園の里での就農希望者となっている。海外からの研修生受入れについては、別途、次章で詳しく紹介する。

さて、研修生は、研修センターでの共同生活を基本

コラム

次世代を担うリーダーたちの思い④

酒井　朋恵

1985年生まれ。東京都出身。日本獣医生命科学大学を卒業後、2012年に就農研修生として無茶々園に参加。2013年よりファーマーズユニオン天歩塾のスタッフとして従事。おもに、カンキツ栽培と乾燥野菜製造に携わっている

スタッフの多くは県外出身者、農業経験なし、そんな集団に勤めて4年。ぶちあたる壁は多いですが、当初、自分が感じたように、「そんな暮らし（生き方）いいじゃない！」と思われる存在でありたいです。他所から来た人間はどうやっても地元の人間にはなれません。土地、技術、経験など継承してきたものがありません。そんな「他所者、若者、馬鹿者」だからこそ、自分たちならではの視点を持ち、地域の伝統や文化を学びながら、新しい風を吹かせることができたらと思っています。

農業は一年周期の産業で自分たちのとった行動がどのような答えになるかは時間がかかります。一年に一度しかできない事ばかり。あと何回まともに収穫期を迎えることができるのだろうと、ふと感じることがあります。この魅力的な場所を満喫しつつ、スピード感を持ってさまざまなことに取り組み、自分たちの歴史を少しずつ紡いでいけたらと思います。

街から離れたこの場所に住んでいるにもかかわらず、毎年多くの人に出会います。色んな人に頼りながら生きていると感じます。個人的には、憧れの格好良い百姓になりたいです。「100個、つまり多くの技術を持っているのが百姓だ！　なんでもできるように！」と尊敬する農家の人が教えてくれました。ここの暮らしや仕事を通して、そんな人になりたいです。

（「天歩」152号、2017年7月より）

とし、ファーマーズユニオン天歩塾事務局指揮のもとで作業に従事する。研修にかかる経費のうち、食費、光熱水道費等の生活費はファーマーズユニオン天歩塾の負担であり、別途、就農研修生には小遣いが支給される。1年間の就農研修終了時には、研修生の考えを最大限取り入れた就農計画を立て、支援体制を作る、としている。

さて、現実に新規就農までに至った研修生について、研修以前の情報収集段階を含めた経過は図Ⅳ－2のようになる。

まず、研修前の情報収集段階では、先に紹介したガイダンス（ファーマーズフェア）での面談のほか、インターネットや電話による問い合わせを行って、研修の受入れを申し込む。通常、就農研修生となる前に、現地を訪れて研修施設や園地を見学し、短期の研修（体験研修）を受けることが多い。これを経て、就農研修を希望することになるが、その場合でも最初の1カ月間は仮研修期間となる。

図Ⅳ－2　無茶々園における新規就農ルート

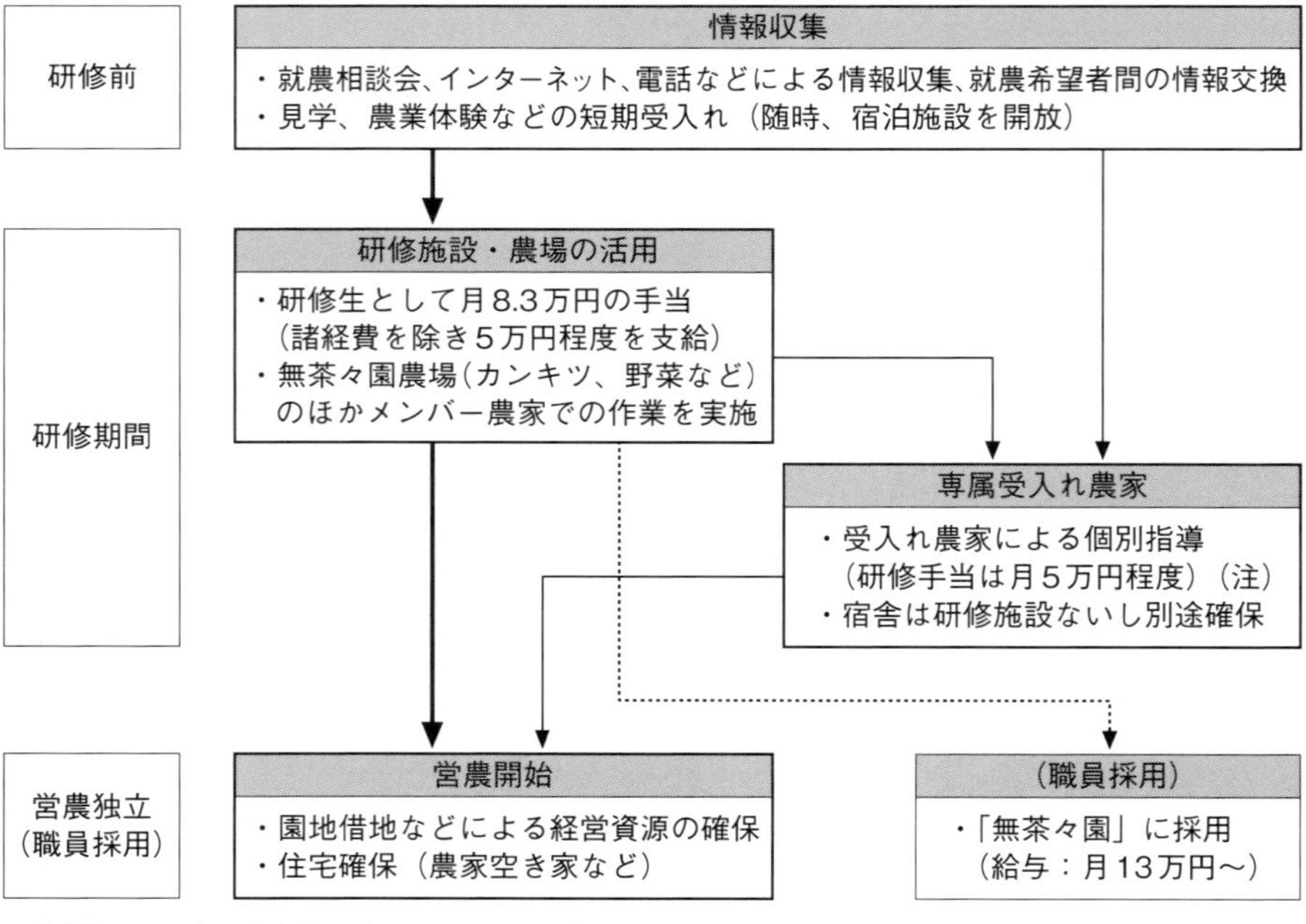

資料）2004年8月実態調査にもとづき作成
注：経営移譲農家での受入れ期間中は月15万円程度の手当てが支給される。

通常、就農研修期間は1年である。この間にファーマーズユニオンが管理する町内外の農場、無茶々園生産者会員の園地、無茶々園事務所等での研修作業を行い、研修（宿泊）施設での共同生活を行う。仮研修期間を除き、就農研修生には月８万円余りの手当が支払われるが、生活費３万円程度が控除され５万円程度が支給される。さらに研修生は、これから国民年金、保険等の自己負担分2万円程度を支払い、小遣いとして３万円程度が残ることになる。

就農研修の1年間が終了した後、営農が開始されることになるが、園地の確保は後述するように、貸借を通じて行われることが多い。また、研修施設も原則として、この時点で退出し、農家の空き家などを確保して生活の自立化も行われることになる。昼食については、引続き研修施設で実費を支払って取ることが可能である。

図Ⅳ－2の太線の矢印で示したものが以上の就農経路であり、これが一般的なルートとなっている。それ以外にも、研修指導を無茶々園生産農家会員が専属担当となって実施することがある。研修生が年配者のため特別な配慮を行った場合、当該生産者会員の経営を移譲することを見込んで行う場合などの例がある。

前者の場合は、研修当初から専属農家のもとでの研修となり、研修手当として5万円程度が支払われている。後者の場合には、1年間の共同研修（同じく5万円の手当を支給）を行った後、専属農家に配属されている。調査時点では1人が専属農家のもとでいっしょに農作業をしながら、経営移譲に向けた準備を行っていた。この段階での手当は月15万円程度であった。この金額水準は、無茶々園の職員に新規採用された場合の給与とほぼ同様である（新規採用職員の場合には月額13万円程度の給与のほかボーナスが支給されている）。

また、それまでにもあったように研修生の一部は、無茶々園の職員として採用されている。この場合、実務的、事務的な能力を持った研修生が職員となることから、研修の経験を生かして新規研修生の受入れも担当することになる。

〈新規就農希望者の属性と意向〉

ついで、同じく実態調査（２００４年8月）にもとづきながら、個別にみた新規就農者の特徴について紹介する。調査の対象は、無茶々園での研修を経て就農するに至った新規就農者5人と同じく研修生から無茶々園職員となった1人、計6人である。就農研修のために、彼らが当地に転入してきた時期は、1998年12月から2003年1月までの間である。

調査対象者の基本属性は、表Ⅳ－3に示したとおりである。年齢（調査時点）は、20歳代および30歳代が5人と若年層が中心であり、1人のみが60歳代である。いずれも都市部の非農家出身で、愛媛県との関わりについても、1人だけが知合いがいるという関係である。大卒が3人（うち農学部2人）、専門学校卒が2人であり、学歴は比較的高い。前職の職種は多彩であるが、雇用形態は公務員の1人を除き、アルバイト、フリーの登録社員、期間雇用、住込みの助手といった非正規就労となっている。また、30歳代までのいずれも独身であり、60歳代の1人も単身で無茶々園の研修・就農となっている。

表Ⅳ－3　新規就農希望研修生の属性

項目	内容
年齢	20歳代1人、30歳代4人、60歳代1人
性別	男性5人、女性1人
出身地	いずれも県外で都市的地域
学歴	大卒3人、専門学校2人、その他1人
前職	公務員、造園会社、システムエンジニア、陶器製造、ファストフード、学生

資料）実態調査（2004年8月）にもとづき作成

新規就農希望者が無茶々園に関する情報収集で利用した情報源件数の件数（カッコ内はもっとも役に立った情報源で単一回答）は次のとおりである。就農相談会4（3）、口コミ2（2）、直接訪問1（1）、新聞・雑誌1（0）、インターネット2（0）である。就農相談会が主たる情報源となっており、あわせて口コミ、インターネットも活用されている（口コミのうち1件については、就農相談会に出ていた知人から情報を入手している）。

6人のうち、当初から就農をめざしていたとみられるのが3人であり、いずれも、無茶々園以外での農業研修・実習などの経験があった。1人が就農準備校および野菜産地（アルバイト）、1人が農業大学校での経験があり、就農に向けて周到な準備を行っていた。もう1人も農学部の出身であり、学生時代には農業実習の経験がある。

これに対して残りの3人は、無茶々園での研修を機会に就農（ないし無茶々園に就職）することになった。

このうち1人は、次のように述べている。リクルート誌で職探しをしていた際に、大阪でファーマーズフェアが開催されているのを知り、出向いたがブースには入らず、パンフレットだけもらった。その後、無茶々園に電話したところ、一度遊びにおいでといわれたので、当地を訪問した。生産者や研修生から話を聞いて、1、2カ月ほど農作業を体験してみようと思った。堆肥袋づくり、ミカン畑で草刈り、施肥などの作業、野菜栽培などを体験しているうちに、そのまま長期で滞在することになった。

以上のように無茶々園での就農のきっかけは二つに分けられるが、そもそも当地にやって来た動機自体は多様である。最大の動機を一つ挙げてもらう（単一回答）と、「職探しのため」、「ゆとりある生活を求めて」、「地域の人柄に引かれて」のいずれもが2人ずつであり、必ずしも就業や就農だけが目的ではないことがうかがえる。その他の副次的な動機として挙げられたのが、「農業・農村へのあこがれ」が3件あり、「安全な食料に関心」、「都会での生活がいや」、「環境問題に関心」が、それぞれ1件となっている。彼らは、就業先として無茶々園での農業生産を選択したことにはなるが、たんにそれだけでなく、人とのつながりや自然を含めた農村での生活スタイルを評価する傾向が強いといえる。

さらに、無茶々園での就農（定住）を決定づけた理由は、各自のコメントを要約すると次のようになる。「研修体制があり独立が可能」、「研修体制があり小遣いも貰える」、「相談体制が整っている」、「無茶々園があったから」、「販売組織が整っている」、「若い人が多く開放的」となっている。多くが研修や相談体制が整っていることを評価している。あわせて、無茶々園の販売体制を評価している。通常では生産物の販売に多くの困難がともなうからである。その他、付帯した理由として、「自然環境・景観が良かったから」、「地域の人柄に引かれた」が挙げられている。

ところで、研修自体はどのような内容であったのだろうか。調査対象者の1人は、研修期間中の体験について、次のように語っている。「まずは、無茶々園が管理する研修農場で研修生同士が共同して作業した。当初3カ月は野菜を含めて、いろいろの作物の作業を実施した。その後、『カンキツがやりたい』と宣言し、2haの研修園地をまかされた。短期研修生と一緒に作業して、そこそこの収穫ができた。この間に農作業のやり方はいろいろの人に聞いた。昼間には近くの園地で作業をしている農家の人を、夜には無茶々園生産者を訪ねるなどした。研修期間中は、月3～4回程度、ミカン農家の手伝い作業も行った」。こうしたコメントから、研修は研修生の希望にもそって行われ、彼らの自主性を重視している姿勢をうかがうことができる。あわせて地域の農家とも頻繁に交流している実態がみてとれる。

次に、移住にともなう費用についてである。転入資金については、「ほとんどない」が2件（それぞれ「鞄1つで来た」、「少量の荷物のみで、引っ越しの感じがしなかった」）、「30万円程度」、「営農資金と合わせて200万円程度」（2件）である。研修施設が整っており、研修手当が支給されるために、転入資金は少額ですんでいる。

一方で、就農（定住）に際して問題となった点は次のとおりである。最大の問題は、就農者全員の5人が「農地等経営資源の確保」を挙げ、無茶々園への就職者は「交通等の生活条件」としている。

その他の副次的な問題点は、「住宅の確保」が2人、「生活条件」、「研修後の手当がない」、「家族の理解（がない）」がそれぞれ1人ずつである。なお、居住状態については、4人が農家の空き家を借りて入居していた。家賃は月額3000円から8000円と高くはないが、うち2人は町営住宅への転居を希望していた。残りの2人は引続き研修施設に居住していたが、うち1人が転居を希望していた。

6人のうち4人までが、生活条件について「買い物が不便」と述べながらも、農村での生活は「満足」とする者が2人、「まあまあ満足」が4人であるから、総じて農村生活を楽しんでいることになろう。なお、地元の買い物はAコープの店舗が中心となる（町内にコンビニはない）が、この店舗は、日曜は休業しており、平日の営業時間も18時までである。このため、隣町の宇和町まで買出しに行くことも必要となる。

その他、生活条件に関連して、「生活リズムを自然に合わせるようになった」、「食生活が変わった（自然食品や地場の物を多く摂るようになった）」、「釣りなどの趣味を楽しんでいる」といったコメントもあった。また、地域の習慣・つきあいについて、「すぐになじめた」が3人、「とまどったがなんとかなじめそう」が3人となっている。

その他として地域の諸活動への参加状況については、道路や海岸清掃などの共同作業には6人全員が参加しているほか、祭りやイベントに4人、自治会に2人、消防団に2人が参加している。こうした活動参加への自己評価では、「積極的に参加」が1人、「そこそこ関わっている」が3人、「あまり関わっていない」および「仕方なく関わっている」が1人ずつである。

最後に農村としての当地に対する評価は、プラス面として、「のんびり、ゆったり」、「ゆとりがある」、「地元の人が受け入れてくれる」、「田舎の方がにぎやか」、「コミュニティがあって親しみやすい」、「生活のリズムが良い」としているが、マイナス面として、「人が少なく、寂しい」、「大雑把」、「宅地が高い」、「収入少なく将来が不安」、「人の目があり、息抜きの場所が欲しい」、「つきあいが断れないことがある」などの指摘があった。

〈研修後の就農実態〉

研修後の就農の実態は以下のようである。まず、就農に当たって農地の確保は、高齢化し後継者がいない農家の樹園地借入れが中心となっている。所有者が他出して地元の農家が借りていた園地、生産者の高齢化にともない規模縮小を希望する園地、生産者が死去した園地などである。また、こうした園地を一時的にファーマーズユニオンが保有し、研修用の園地として活用した後に、新規就農者に貸し出す場合もある。それぞれ貸借の仲介に当たるのは、無茶々園の生産者会員である。

なお、この段階での園地の借入料はすべて無料であったが、スプリンクラーの償還負担金については、借り手が支払う例が多かった。

新規就農者それぞれのカンキツ園地面積は、表Ⅳ－4に示したとおりである。営農開始時点での面積は、30～90 aである。比較的大きな90 aでカンキツ作を行うことが可能だった1人は、転出した新規就農者が借りていた園地をそのまま引き継いでいた。転出者は町外に農地を確保して施設園芸作（果実）に転換してい

表Ⅳ－4　新規就農者のカンキツ園地面積

（単位：a）

	営農開始時点	調査時点	今後の拡大予定
A	60	80（25）	－
B	30	70（25）	120
C	90	120（10）	200
D	90	105（24）	180
E	（経営移譲予定面積：285）		

資料）表Ⅳ－3に同じ
注：調査時点の（　）は苗木面積で内数。

た。このため、空いた園地を荒らすよりはと判断され、新たな就農者は研修を4カ月で切り上げて就農へ移行している。

作物構成は温州ミカンと伊予柑が中心で、その他甘夏、ポンカンなどからなっている。

いずれも生産者1人の農業従事となっている。一方で、当地では1人で栽培可能な面積は120～150aとされているが、そうした中で今後の拡大予定面積を200a、180aとしている者がいる。こうした場合には、雇用労働の投入や夫婦専業経営への移行などが必要となる。

この点に関しては、285aの経営移譲を予定されている1人についても同様である。この者の場合には、今後3年間かけて100a程度ずつ順次経営を移譲してもらうことにしていた。経営移譲に際しては、借地料なしでの貸借とし、移譲後は元の経営主が新規就農者の農作業手伝いを行うことも予定していた。

さて、前述したように就農に当たってもっとも問題となったのが、農地等経営資源の確保である。前述したように、営農開始時点から直ちに農業専従者1人分の園地が確保されているわけではなく、その後に借り足しながらの拡大となっている。加えて、通常、貸し出される園地は、必ずしも条件の良い圃場とは限らない。さらに加えて、調査時点の園地面積のうち改植して苗木園となっている割合が高く（表Ⅳ－4参照）、当面この部分からの収入は期待できない。

園地の確保に次いで問題となるのが、カンキツ類を保存する倉庫の確保である。園地の貸し手が倉庫もあわせて貸してくれる例もあるが、それができない場合には無茶々園生産者に紹介してもらうなどの対応が必要である。倉庫の借り賃は年間で1万円程度である(2件の事例から)。

さて、園地の借地料は無料だったとしても、営農開始資金は多少とも必要である。調査した5人では開始資金として60万～150万円を支出している（これと転入費用とを合わせると最大で200万円程度の資金が用意されていた）。軽トラックと草刈機については、全員が購入しており、このほかチェーンソー、パソコン、動力噴霧機などを購入していた。経営移譲予定の事例についても、軽トラックと草刈機を購入する予定としていた。

カンキツ作経営において通常、投資を要するのは、カンキツ樹、園地モノレール、スプリンクラーなどであるが、ここの事例では、いずれも園地に付帯しており、この面での投資は不要だった。このように営農開始資金は比較的少額ですんでいるが、所有していない機械等は当面、借りて使うといった対応も併わせて行っている。資金節約に努めたいからである。

最後に、カンキツ販売収入をみておこう。4人のうち3人が2003年産の実績で200万円前後（幅で言えば180万〜250万円）であり、1人は虫害を被ったため販売なしとなっている。就農後の栽培経験がもっとも長い者でも3年目の実績であり、とくに初めから無農薬栽培に固執するなどの場合には、技術が十分にともなっていないうらみがないとはいえない。

また前述のように苗木段階の園地も少なからずあるなど、この段階では期待する収入を得ているとはいえない。販売額がもっとも多い250万円の経営の場合でも、経営費70万円を差し引いた所得は180万円にとどまる。このため、近くの生産者の園地の草刈り作業などを行って、労賃稼ぎによって収入の不足を補うなどの対応を行っている。定年後の就農者の場合は年金収入が不足を補っていた。

こうして、調査時点では、さしあたり無茶々園生産者の農業専従者1人当たりの目標所得である300万円に向けて、新規就農者のさらなる技術習得と経営規模の拡大が求められている状況となっていた。

園地285aの経営移譲を予定されている者の場合はどうであろうか。移譲前の経営の販売収入は1000万円程度（うち資材費などの経費は200万円程度）である。こうした経営がそのまま引き継がれるのであれば、専業農家として成り立つことになる。ただし、この場合には、1人での労働力では対応できないため、さらなる労働力の確保が必要となってくる。

なお、別途、無茶々園生産者としては比較的経営面積の大きなカンキツ専業農家の経営状況を調査した。これによれば、50歳代後半の夫婦で250a（うち借地110a）のカンキツ栽培を行い、ここ3年間の販売収入は、700万円、900万円、600万円程度であり、所得率は60〜65%程度である。

このことから、無茶々園の規模の大きなベテラン会員農家の経営でも、必ずしも高い所得を得ているともいえない状況を見て取ることができる。そうした中で、無茶々園としては、研修を中心に手厚い就農支援を実施してきたことは確かではあるが、そうした取組みの成果として、新規就農者が無茶々園の生産者会員として定着させることができるかどうかは、この段階では、なお未知数と言わざるをえない状況であった。

新規就農者のその後

最後に、これら新規就農者のその後の状況について、みておこう。残念ながら、こうした新規就農者確保に向けた積極的な取組みがありながらも、現在、新規就農者として当地で営農を継続しているのは2人にとどまっている。3人は農業者として定着にはいたらず、無茶々園を後にしている。

定着したA氏の状況について、その後の追跡調査（2011年）から紹介していこう。A氏はカンキツ園133a（うち借地118a）を1人で経営している。11カ所に点在する園地のうち、東向きが7筆、北向きが2筆を占め、日当たりが良好な南ないし西向きの園地が少なく、しかも傾斜がきつい園地も多い。借地のうち4筆計74aは、借地料は無料だが、その他は料金は安いものの有料での借地である。

カンキツ販売金額は就農当初に比べれば、100万円以上増加して400万円近くに達しているが、規模拡大にともなう雇用労賃の支出の負担も重く、所得額では就農当初と比べて大きく増えているわけではない。このため、町内での事務職を兼業することで収入を補っていた。A氏の場合には、無茶々園のベテラン生産者と共同で作業をすることで、引き続き技術習得の機会を得てはいるが、無茶々園が掲げた農業従事者1人当たり300万円の所得確保には、依然として到達していないことになる。

一方で、A氏に限らず、新規就農者としてこの地で定着するためには、結婚は大きな要素とみられる。2004年時点での結婚に関する意向については、3人から聞くことができた。いずれも当地で結婚することを考えていた。1人は夫婦でカンキツ作を、1人は妻が農外従事してくれることを希望していた。残りの1人もこの土地の女性といっしょになりたいとし、妻の職業についてのコメントはなかった。こうした希望が実現しなかっとことも、新規就農者が定着することを困難にした一因だったと思われる。

無茶々園は、これまでカンキツ生産・販売を中心にさまざまな活動を行ってきたが、そのすべてがうまくいったわけではない。これまで紹介してきた新規就農者を確保する無茶々園の取組みは、どちらかといえば失敗事例にあたる。本章は、かかる経過を克明にトレースすることに意を用いた。無茶々園の活動は、失敗からも多く学び、修正を図り次への活力としており、こうした失敗の記録もまた無茶々園の実像として貴重と考えたい。

確かに、無茶々園農家の経営を引き継ぐための、新規就農者の定着ははかばかしくはなかったが、あわせて進められた新農場の設置によって、加工も含めて無茶々園全体としての多角化は著しく進展している。無茶々園がカンキツ中心の生産から脱皮し、消費者ともいっそうの交流が図れるような新たな経営展開が実現できるかどうかは、今後の展開もあわせて注目していく必要があろう。

懸案であった高齢化する無茶々園農家経営の継承については、一部の農家が規模拡大し雇用型経営へ転換することで、あるいは農家の後継者がUターンしてくれることで、そして後述するベトナム人を中心とする外国人研修生を導入することなど、これら方法を重ね合わせることで、その対応を図ろうとしている。

従来から生産を続けてきた無茶々園会員農家の維持が困難である中で、外部からの新規就農者を呼び込むことで家族経営を再生産しようとしたことには、やはり無理があったのではないか。しかしながら、こうした困難な状況を打破しようとするさまざまなアイディアを考案し、それを実行しようとする姿勢と行動力こそが、無茶々園の活力である。今後の無茶々園の展開が注目される。

第V章

ベトナムに有機農業を根づかせる

ベトナムに有機農業研修センター

１９９０年代末になると、無茶々園の会員の中で、家族労働力だけで急傾斜のカンキツ園を管理するのがむずかしくなった農家がにわかに増えた。それを放置すれば遊休化する園が出てくる。そこで地域の樹園地を守っていくことも無茶々園の重要な取組みの一つだろうということで始まったのが、研修生や新規就農者の受入れであった。その詳細は、前章で紹介したとおりである。

しかし、明浜のカンキツ園の管理には国内研修生では間に合わなくなった。２００２（平成14）年に、海外研修生の受入れでは先達の中田圭一氏（西宇和郡伊方町でミカン栽培）といっしょに「ＮＰＯ法人研修生招聘協会」を立ち上げて、フィリピンからの農業研修生の受入れを開始した。フィリピンからの受入れになったのは、中田氏がかつて青年海外協力隊員としてフィリピンで果樹の技術指導の経験があったことによる。ルソン島ベンケット州と現地の４Ｈクラブを通じて、バギオに近い山村からの募集であった。

さらに２００５年には、ベトナムからの研修生受入れをめざした。南部ダクラック省の省都バンメトートに無茶々園創設者のひとり片山元治が出向き、２００８年５月になってようやくダクラック省科学技術協会の協力を得て、「有機農業研修センター」を建設することができた。ベトナムでの活動拠点がバンメトートになったのは、首都ハノイで活動拠点探しに苦労している中で、ダクラック省科学技術協会の責任者が関心を持ち、省都バンメトートにセンターの土地手配をやってくれたことによる。ちなみにバンメトートは、１９７５年の「サイゴン陥落」、つまりアメリカ軍をベトナムから最終的に追い出した北ベトナム軍と南ベトナム解放民族戦線の出撃拠点であった。バンメトート市内中心の交差点には、現在もそれを記念する小型戦車が鎮座している。

外国人技能研修制度

さて、海外研修生の受入れは、「外国人技能実習制度」によるものである。これは、在留資格「技能実習」で、３年間の在留資格のうち、１年目から実習実施機関との雇用契約にもとづいて、技能などを修得する活動である。最低賃金以上の適用、単身来日・最長３年・

来日１回限り、来日前に雇用先を確定し、雇用主の途中変更は原則不可、１年毎の雇用契約、という条件になっている。雇用契約を日本人と同様に結び、時間外手当や有給休暇、社会保険など、日本人の雇用との差はない。雇う企業や農家は、労働基準監督署による監督対象の企業と同様であり、いわゆるブラック企業のような法令違反や労働者の権利侵害があれば、指導や警告を受け罰せられ、改善が求められる。

外国人の農業技能実習生は、農協や事業協同組合などの監理団体（無茶々園の「ＮＰＯ法人研修生招聘協会」はこれに当たる。全国に約６００ある）が受け入れ、１年目は「技能実習1号」の在留資格で入国する。技能評価試験による実習成果の評価など所定の要件を満たせば「技能実習2号」への在留資格の変更が認められ、技能実習生として最長3年間在留できる。

農業分野にこの技能実習生が認められたのは２０００年である。まず年間雇用が確保できる施設園芸、養鶏（採卵養鶏業）、養豚が認められ、２００２年には畑作・野菜と酪農、今では2職種6作業（耕種農業で畑作・野菜、施設園芸、果樹、畜産農業で養豚、養鶏、酪農）で実習生が受け入れられている。農水省の調査で、２０１５年度の新規受入れで、全国に2万６０００人に達しており、なお増加傾向にある。都道府県別には、茨城県、長野県、北海道、熊本県、群馬県、千葉県、愛知県、福岡県などの順に多い。実習生の国籍別には、中国、ベトナム、フィリピン、インドネシア、カンボジア、タイの順で、近年ではベトナムの増加が顕著である。２０１６年12月現在の在留者は、ベトナムが8万８２１１人、中国が8万８５７人、フィリピンが2万２６７４人にのぼる（法務省の「在留外国人統計」による）。

この技能実習制度は外国人研修制度から出発したので、制度の趣旨としては、途上国への技能伝授と人づくり、国際貢献である。「来日の時点では単純労働だが、"on the job training"の仕組みで技能を学び、日本の仕組みの知識と一定の熟練を得て帰国することが期待されている」[注]。しかし、現実には、最低賃金以上の適用と残業の割増賃金があり、所得水準が低く、就業機会の少ない途上国の若者にとっては低学歴でも海外に出るチャンスであり、しかも必要な日本語研修や往復旅費の多くが雇用主での負担であるから、熟練獲得よりもまずは海外出稼ぎという目的が先にくる。帰国後も、農地・設備・機械がないなど、農業、農産加工、農業機械の使い方など日本で学んだ技能を生かす場がないのが現実である。さらに技能研修の現場では、実習生に対する暴行や監禁、賃金未払いなどの「悪質な人権侵害行為」とされる不正行為が年々増えており、とくに農業現場では実習生の失踪者が建設業についいで多く、約4％に達している。

このような実態に対処すべく、政府は制度見直し作業を進め、2016年11月に「技能実習法」を成立させ、実習計画を認定制度として、その認定基準や欠格事由、報告徴収、改善命令、認定取り消しなどを規定した（施行は2017年11月1日）。また実習実施者（現行の実習実施機関）を届出制、監理団体を許可制とした。実習実施者や実習生の母国との窓口となる監理団体を監督する認可法人「外国人技能実習機構」（東京都港区）が新設され、実習実施者は、実習生ごとに実習計画を作成し、機構の認定を受ける。認定されなければ、実習生の受入れはできない。同時に、優良な実習実施者と監理団体に対しては、実習生のいったん帰国（原則1カ月以上）後に、2年間の期間延長や、受入れ人数枠を緩和する。また、実習の職種としては初の対人サービスとなる「介護」が解禁される。この法改正によって、実習生の待遇改善や受入れ先の監督強化を図り、「人材育成を通じた国際貢献」という趣旨の徹底が望まれる。

この農業技能実習制度については、全農林労働組合の月刊誌『農村と都市をむすぶ』2017年3月号の特集「日本農業を支える外国人労働力――現況と今後の展望」、『農業と経済』誌の2017年6月号の特集「農業・農村と外国人労働者」がたいへん参考になる。

そこで、無茶々園が考えたのが、研修生を送り出してきた現地で、研修制度本来の目的である技術移転、無茶々園ならではの有機農業の技術移転を可能にする教育施設を設立することであった。そこには以下のような判断があった。

明浜のようなカンキツ農業地帯では、国内の新規就農者に労働力を期待するのは困難である。というのは、カンキツ農業は野菜園芸以上に、新規就農から経営を自立させるのはきわめてむずかしいからだ。「ハングリーで重労働に耐えうる」海外研修生ならば、それに必要な経費と効果が十分に見合う。しかし、現状の技能実習制度はたんなる労働派遣といってよい。それなら、「われわれはそれを『百姓らしい海外研修制度』にしよう」ということだった。

バンメトートでの「有機農業研修センター」の建設には、ＪＩＣＡ（独立行政法人国際協力機構）の「草の根協力支援型」という助成金約1000万円を得た。

有機農業研修センターの目的は、①田舎のリーダーを育てること、②田舎（故郷）を豊かにすること、③帰国後の研修生の農業を支援すること、④日本の農家とベトナムの農家との国境を越えての事業連帯を支援すること、⑤産直システムを教え、それを移譲することに置かれた。

有機農業研修センターに学ぼうというベトナム青年に提示した「学校で学ぶべき基本」というのが、無茶々園らしいというか、ともかく現場に即して具体的である。

①日本式の集団生活のやり方、知識を教える。つまり、「生活知性」の向上を図る（生活知性とは、「知性のないところに豊かさは育たない」という片山元治の言葉）。

②屁理屈を言って自己主張をすることをやめさせ、「すみません」と率直に言える人格の形成。

③自分の考えに固執せず、つねに、新しい考え方、知識を取り込める柔らかい頭に育てる。

④ファイナンシャル・インテリジェンス（お金の知性）を教える。

有機農業研修センターの設立以来現地に張りついて指導する片山元治の苦労がわかろうというものだ。なるほど「生活知性」を向上させる、屁理屈を言わせない、などは、まさにベトナム現地にあってこその見識というものなのであろう。

センターは、日本に海外研修生として派遣する生徒を定員20人で、いずれも全寮制で日本語検定3級も目標とする〈6カ月コース〉と、日本語検定2級をめざす〈12カ月コース〉で育ててきた。しかし、ベトナム政府が、技能実習生の送り出し機関を政府認定の民間団体に限定したことにともなって、有機農業研修センターの日本語研修生受入れがストップする事態になった。2012年のことであったが、それまでの実績として、合計30人を日本に派遣することができた。

この間の事情は複雑であり、ベトナムの政治体制の複雑さと、公務員が末端にいたるまで目ざとく利権に群がるさまに何度も心がくじけそうになるのをぐっと我慢しての片山のがんばりである。日本での3年間の技能研修によって平均的に200万円の貯蓄ができるという。無茶々園から派遣されて、バンメトートで、すぐ後でみるベトナム現地法人ファーマーズユニオン・ベンチャーズ社の事務局長として奮闘する高《たか》埜《の》太《もと》之《ゆき》によれば、ベトナムでの勤労者の賃金水準はこの5

年間に大きく上昇しているが、それでも一般勤労者の所得（1カ月）2・5万〜3万円に対して公務員賃金（1カ月）は1・7万円である。農業日雇賃金（日当）は10ドルの水準にアップしているという。公務員賃金の低さと日本で得られる所得との大きな差がある中で、日本への研修生を派遣する送出し機関に利権が発生するのである。送出し機関は、法外な金額を斡旋料として研修生から闇で徴収する事態が頻発する。有機農業研修センターに日本語研修、農場実習などを委託すれば、この不当な斡旋料を徴収できないところから、有機農業研修センターを通さずに日本の受入れ機関との直接取引が行われる事態となって、有機農業研修センターの研修生受入れがストップしたのである。当然、日本では受け入れた研修生の日本語能力不足、果ては逃亡事件まで発生することになった。

「ファーマーズユニオン・ベンチャーズ社」の立上げ

片山元治は、日本語研修生育成をおもな仕事とした有機農業研修センターに代わって、有機農業の技術習得やモデル農村づくりを目的にした組織が必要だと考えた。

それが2013年に立ち上げたファーマーズユニオン・ベンチャーズ社（FUV Co. Ltd. 以下ではFUV社とする）である。代表取締役は片山元治、資本金は1000万円である。事務所の職員には、日本での技能研修を終えて帰国した者の中から優秀な人物2人を採用している。

同社は、ベトナムにおける野菜の有機栽培技術の確立と、日本における有機生産者と消費者のネットワーク構築をモデルに、ベトナムでも産直を実現することをめざしてきた。

これまでに小松菜、チンゲン菜、サラダ菜、カラシ菜、空心菜など約20種類の野菜の有機栽培の技術は獲得できた。亜熱帯高温地帯での年間を通じて日照時間の変化が少ない中での野菜栽培には独特の工夫が必要だが、有機栽培にとっての最大の問題は有機肥料づくりである。家畜は放し飼いが基本であるので堆肥が少なすぎる。地元での堆肥生産量を上げるには、舎飼いの畜産経営を増やすという村づくりが必要である。キュウリ、ゴーヤなどの果菜類も後3年ほどで栽培技術を確立できそうだ。

これまで農家を巻き込めなかったが、いよいよ有機

コラム

次世代を担うリーダーたちの思い⑤

髙埜《たかの》 太之《もとゆき》

ベトナムは〝平均年齢28歳〟いう若さと、〝高いSNS浸透率〟パワーの根源と言われますが、これには自分も同感です。ただ、既存の社会常識のなかへITを組み込んだ日本とは違い、ベトナムではいままさにIT世界のなかで社会ルールを育てている段階に見えます。私たちの農場ですら、多くの注文を〝LINE〟や〝Facebook〟メッセージで受け、返信は〝いいねスタンプ〟のみ、その日に残った野菜はFacebookのタイムラインでさばきます。

1981年生まれ。北海道出身。小樽桜陽高校卒業後、NGO職員を経て、一般企業に就職。その後2012年よりベトナムに移住し、2015年から片山元治と合流。現在はベトナム事業のリーダーとして活躍中

当初は違和感もありましたが、おそらく世界基準はこちらでしょう。このように、ベトナム事業は今後日本の強みを活かしつつ、「普通じゃないのは日本」と理解し、現実のベトナムにどこまで・落とし込めるかが重要と考えています。

また個人的には、これまでも「東南アジアの田舎にある日本人農場」という稀有なレッテルを生かし、利害関係のない方も含めて多くの方々を受け入れてきました。日常とは違った特殊な環境だと心が開きやすいのか、ここでは本物の人間関係をすごく築きやすい。これからも多くの人が訪れる状況・環境を整え、「人生のハブ」として来訪者に価値を感じてもらいたいものです。

（「天歩」152号、2017年7月より）

農業研修センターの研修生や日本での技能研修を終えて帰国した若いベトナム人農家にモデル農場を開設してもらう段階になった。バンメトート市内の総合技術専門学校内の農地1・8haを借りて、有機農業研修センターを修了したハンさん（28歳）が、小松菜、サラダ菜、ニンジンなど7種類の野菜の有機栽培をすでに開始している。ハンさんは、この有機野菜をホーチミン市の消費者グループとの産直での販売を担っている。これをモデルにベトナム人の「自立有機農園」づくりを指導し、産直を広げて販売先を確保するのがFUV社の役割である。ベトナム政府には、有機農業をめざす若者に農地を安く貸与する制度の確立を求めたいというのが、片山の願いである。

新しいバンメトート職業訓練センター

FUV社は、有機農業研修センターの日本語研修と研修生の送出しを停止して以降、民間の送出し機関から斡旋された研修生を日本に送ってきた。しかし、前述ように、送出し機関の研修生からの不当な斡旋料の徴収を、ベトナム人の担当職員が黙認してしまう事態を抑えられなかった。どうしても自前の研修生送出し機関が求められた。ベトナム当局が利権のおこぼれにあずかれる民営会社しか認定せず、協同組合をめざす有機農業研修センターを送出し機関として認定させる見通しが立たない中で、片山はやむなく民営会社設立の方向を選択せざるをえなかったという。

ようやく2017年夏に、自前の研修生送出し機関をホーチミン市のベトナム人パートナーといっしょに株式会社として設立できる運びになった。それがホアン・カウ株式会社（Hoan Cau Co.Ltd.）である。

ハンさんの農園

ホーチミン市でフクナナ株式会社（FUKUNANA Co. Ltd.）という日本企業のベトナム進出のコンサルタントをおもな業務とする会社を経営するグエン・ティエン・フック氏を代表取締役会長に据えて、ベトナム側の相談役とすることで設立認可を得ることができた。

ホアン・カウ社の事務所はＦＵＶ社の敷地内に置き、実習生受入れ派遣業務のために「バンメトート職業訓練センター」を設置した。ホアン・カウ社の実質的な運営責任は、ＦＵＶ社事務局長の高埜太之が事務局長として担い、高埜はバンメトート職業訓練センターの事務局長兼任となった。事務局員には、ＦＵＶ社の職員２人に加えてもう１人を採用した。

外国人技能研修制度を、その目的にそってまともに運用することがいかにたいへんなものかは、バンメトート職業訓練センターの「研修生派遣の工程」を見ればよくわかる。

〈研修生派遣の工程〉

1　研修生の募集

・ホアン・カウ社指定の紹介人（約１００人）に加えて学校や地方行政機関である人民委員会などで研修生を募集。紹介人には、研修生候補の条件として、①強く優しい心を持って、まじめに仕事ができる人、②責任者の指示に従って仕事ができる人、③挨拶を大きな声で誰にでもできる人、④親孝行のできる人、を求めている。そして、①日本での技能研修の3年間で節約すれば２００万円ほどが貯蓄できること、②日本人と同様に日本の法律で守られること、③契約農場で働いていれば、歯の病気以外の病院代は保険で支払われること、④契約農場で働いているかぎり、事故や損害補償は所定の保険がきくこと、⑤ただし、逃亡すれば以上の保証はないこと、が知らされている。

・研修生紹介の報酬――紹介人による紹介で、日本への渡航が決定した場合：５０００円相当の日本商品の謝礼。学校･行政機関の紹介：5万円の報酬。

・8月開講のために、7月中に研修生20人以上を募集。年間の募集目標は１００人（日本側の受入れ機関の年間受入れ計画にそって事前募集）。

2　研修生の適合試験

・日本に渡航するまでに、①募集時の面接試験、②日本語授業評価、農場実習評価の3回の評価に合格することが求められる。

3　募集する日本農家による面談

・日本語の訓練および農場実習中の面談で、日本行きがほぼ決まる。面談は日本農家が直接バンメトートまで来ての面談か、日本語教室・農場実習中のスカイプ面談がある。農場実習評価によっては、実習先が決まってもキャンセルになる場合がある。

4 日本語訓練

・4カ月間。最初の3カ月間はホーチミン市のホアン・カウ社指定の日本語学校で5級取得まで（3カ月間での5級取得は自己責任。遅れれば日本への渡航も遅れる）。日本語学校は研修生の自己負担。

・研修生の負担軽減のためにバンメトートに日本語学校を開校する。

5 バンメトート職業訓練センター

・農業実習は全寮制でFUV社の農場で実施。寮費は無料。研修生の食事のうち昼食・夕食は会社負担。朝食は自己負担（残り物）。ホアン・カウ社が、研修生に小遣いを月に5000円支給。

・農作業時間は午前7時～9時（15分休憩）9時15分～11時、午後12時～13時、15時15分～17時の合計6時間30分。

・農業実習以外の授業は、農業用語、派遣の目的、日本のマナー・習慣・生活・寮生の心得などの他、礼儀作法・市民になるための常識、朝の格闘技（拳法）、夜の音楽練習なども含む。

・受入れ農家の授業への参加。

・調理も研修（事務局が栄養とバランスを考え献立を主導。食材調達は事務局職員）。グループ別当番制で調理を担当。

・5人程度のグルーピングで班長選出（班長のなかから委員長・副委員長を選出）。

6 研修生の日本渡航

・1回目の面談に合格してから1年以内に派遣。ただし、日本語学習中の評価、農場実習評価、受入れ先との面談に合格することが必要。

・受入れ機関からの派遣要請を受けて、事前に予約ができれば2～4カ月で渡航が可能。受入れ機関の事前予約がない場合は、実習生の訓練を優先するので6カ月以上かかる場合がある。

7 派遣用健康診断

・最初の面談の際に1回。渡航直前に2回目。

8 出国直前親子面談

・親子最終面談において、日本で逃亡した場合について契約する。家族保証人と家族以外の保証人１人の連名で、研修生が逃亡した場合には、弁護士を通じて３０００ドルの補償金の支払いを請求するとした「研修生逃亡時の補償契約証」の提出を求めている。

9　日本に入国後の講習
・農家での技能研修開始前に１カ月間の事前研修（手当あり）。法律、生活、習慣、労働について。

10　農家での技能研修
・日本滞在中のサポート――フェイスブック・ネットワークによる研修生との連絡（毎日）、農家担当者との連絡（月に１回）

11　帰国研修生の帰国報告・相談
・ＦＵＶ社は、日本の農家・生協などと協力して、帰国研修生と仕事おこし、地域資源を活かしたグローカルビジネスの構築をめざす。
・帰国研修生の就職相談にのる。

熱帯産品のフェアトレード

ダクラック省はアジア最大のコーヒー産地であるとともに、コショウの生産地でもある。片山は２０１２（平成24）年にベトナムから日本へのコショウの試験輸出を開始した。翌２０１３年からはＦＵＶ社が輸出業務を担当している。輸出先は和光スパイス株式会社（東京都八王子市）で、同社を通じて生活クラブ生協に販売している。

当初は、残留農薬検査の遅れなどの苦労もあったが、タイ、ベトナム食材の輸入・販売を手がける株式会社ＫＳＳ（ケイエスエス、本社・東京）の現地子会社（ホーチミン市）に洗浄・製粉を委託するようになって、安定的に毎年５ｔを輸出できるようになった。バンメトート周辺で約２０００戸のコショウ栽培農家があるが、その中の低農薬栽培グループ30戸からの買入れである。低農薬栽培のコショウは１ha当たり約３ｔの収量が見込まれる。農家からは生コショウを１kg当たり７００～８００円で買い入れている。これは低農薬栽培農家にとっては、生産コストを確実に補てんする買取り価格である。30戸の生産者には合計約４００万円が支払われており、低農薬栽培を魅力的なものにしている。

香辛料ではトウガラシも魅力的だが、トウガラシは無農薬栽培がむずかしく、有機トウガラシ生産の事業化には慎重にならざるをえない。

コショウには疫病菌ヒトヒトラやフザリウム萎凋性病害があって全滅の危険性があり、有機栽培はむずかしい。さしあたりは低農薬栽培でコショウ栽培希望農家を指導しながら、有機栽培試験農園を持とうというのがFUV社の方針である。

このコショウを手始めに、FUV社をリードする片山元治は、有機農産物フェアトレードを、コーヒー豆、カカオ、バナナ、高温キノコ、エビにまで広げたいと考えている。

ダクラック省のコーヒー豆は主としてインスタントコーヒー原料のロブスタ種であるが、この省の南に隣接するダラト省のダラト高原には、レギュラーコーヒー用のアラビカ種の一種カティモア種が栽培されている。生産者の中にはほとんど無農薬で栽培する農家がある。この無農薬栽培農家グループとの契約でコーヒー豆を買い付け、現地で焙煎して日本に輸出する計画を具体化したいというのが片山のプランである。

ダクラック省のコショウ生産者と片山元治（前列右から2人目）

ダクラック省にはバンメトートト周辺だけでも1000haを超えるカカオ園がある。FUV社はカカオ栽培農家とすでに接触済みで、有機栽培カカオの生産を委嘱している。カカオ豆を日本に輸出するのではなく、有機チョコレートの現地生産を検討している。

バナナは一筋縄ではいかない。片山は、有機バナナのフェアトレードに直接取り組むというよりも、現地では、バナナの実よりも米ぬかに加えられて豚の飼料になる茎が重要であることを考え、バナナと他の作物との混作を進め、畜産を含む村の農業の複合化を提案すべきであろうと考えている。

もうひとつ、ダクラック省はキクラゲ、エレンギ、霊芝《れいし》、ヤマブシタケ、冬虫夏草など高温キノコの産地でもあり、これらもフェアトレード商品にできないかと考えている。ここにはキャッサバの葉を餌にしての養蚕があるが、養蚕は生糸生産よりも貴重なタンパク源としての蚕を得ることが主目的になっている。片山はキャッサバ茎で冬虫夏草菌を培養し、それを蚕のさなぎに植え付ければ冬虫夏草の生産が可能になるのではないかとの夢を描いている。

エビの自然養殖にもすでに着手した。ベトナム最南端カマウ半島で、マングローブ林を守りながら無給餌でブラックタイガーを養殖することが可能であり、農家にはカニ、シジミなどの副産物も収入源になる。この自然エビ事業を零細な水田農家に広めるとともに、生産されたエビの国際産直の開発を視野に入れた取組みを進めようというのが、片山の構想である。

１９７４年に20歳代で無茶々園を立ち上げた農業後継者グループのひとり片山も満69歳となった。その片山は、ベトナム・バンメトートに立ち上げたＦＵＶ社をしっかりした有機農産物フェアトレード企業として育て、ベトナムに有機農業・漁業を根づかせたいと、今日もベトナム現地に張りついて元気に奮闘している。

その片山を助けて、ＦＵＶ社の事務局長とバンメトート職業訓練センターの事務局長を兼ねて、これまた奮闘する高埜太之は、北海道の出身である。無茶々園から派遣されて、夫人と幼い息子といっしょに、バンメトート在住も３年目に入った。

（注）堀口健治「日本における外国人労働力の増加と農業への関わり方・その重み」『農村と都市をむすぶ』２０１７年３月号11ページ。

第Ⅵ章

農家組織から地域組織へ

ＬＰＧ基地誘致反対運動から「ノートピア」（百姓の理想郷）構想へ

１９７４（昭和49）年に閉山した高山石灰鉱山跡地の利用問題は、明浜町にとってその将来を決める重大問題であった。そこに１９７７年頃からもちあがったのが、明浜町が誘致する三井物産のＬＰＧ（液化石油ガス。プロパンガス）基地誘致計画であった。これを問題にして、１９８０（昭和55）年10月に結成された「ＬＰＧ基地について考える会」の呼びかけ人代表には無茶々園立上げの後継者3人のひとり斉藤達文がすわり、幅広い住民運動の先頭に立った。「自然を大切にした町づくりをめざすわれわれにとって、ＬＰＧ基地は百害こそあれ一利もない」と、全力を注いで反対運動に取り組んだのも、無茶々園のメンバーに地域は自分たちの力で育てるという心意気があったればこそであった。このＬＰＧ基地誘致計画は、明浜町民あげての運動が成功し、三井物産が基地建設を断念して、１９８１年3月に撤回された。

宇都宮氏康が内海志航というペンネームで２００８年に自費出版した『虹の里へ』で、このＬＰＧ基地誘致反対運動について貴重な記録を残している。「虹の里」とは、「ユートピアとしての明浜」のことだと、宇都宮氏康は「あとがき」に書いている。

同書に掲載されている「ＬＰＧ基地誘致計画についての請願書」をみれば、なるほど無茶々園は、リーダーのひとり斉藤達文が「ＬＰＧ基地について考える会」の代表に推されたことからしても、カンキツの有機栽培推進にとどまらず、明浜町の行く末を運動の当初からの目標とすることを運命づけられていたといえよう。なお、請願書は、１９８１年の3月14日の明浜町議会企業誘致特別委員会で「趣旨採択」され、3月20日の3月定例町議会最終日に、その趣旨採択が承認されている。

ＬＰＧ基地誘致計画についての請願書

現在、明浜町は「ＬＰＧ基地誘致計画」を推し進めようとしております。私達はこの計画は、明浜町と町民の現在と将来にとって極めて重大な影響を及ぼすものである、という基本的認識を持っております。といいますのは、「基地」が誘致されました時には、その工事過程も含めまして、明浜町の産業構造や社会構造にかなりの複雑な変化が予想されますし、ＬＰＧ基地誘致という「地域開発」が、まかり間違えば、私達の生命・財産・基本的人権等を侵し、深刻な環境破壊をもたらす可能性を秘めている、という理由からでございます。

　私達は現在の明浜町が「過疎」ゆえに、さまざまな困難な課題を重く背負っているということを決して知らないわけではありません。けれども、ことの重大性を思うとき、このような問題の解決にあたっては、私達は慎重のうえにも慎重を期し、学習・研究・調査をいっそう深く広く極め、明浜町と町民との間でどのような「開発」をのぞみ、どのような明浜町に「未来」を望むのかについての合意を求めて、民主主義のルールのもとに、議論を尽くさなければいけないのではないかと考えます。明浜町と町民の間にあって、議会の果たす役割が現在ほど重要な意味をもって存在していることはなく、従って私達は心から強く議会に期待いたしております。

　私達は以上の考えに基き、明浜町議会に謹しんで、以下の諸点について請願致します。何とぞよろしく御審議・御尽力賜りますよう心から伏してお願い申し上げる次第でございます。

記

一、一二月定例議会はもとより、近い将来の余りに性急な「LPG基地誘致推進決議」をどうかなされないようにお願い致します。

一、「企業誘致特別委員会」を拡大して、もっと広い町民の編成による研究組織や諮問委員会を作ってくださるよう御尽力ください。そして出来ますなら、その中へ「LPG基地について考える会」の会員を数名加えて下さるようおとりはからい下さい。

一、町民に対する情報の公開を明浜町に求め話し合いによる解決のルールを確立して下さい。

一、「タンカーと海上汚染・漁業への影響」を中心テーマとし、なおLPGとLPG基地について資するための「LPG基地についての説明会」をもう一度開くよう、明浜町に対して申し入れ、実現のため御尽力下さい。

以上

1980年12月25日

明浜町議会議長　柴田浅太郎殿

紹介議員　坂本甚松

LPG基地について考える会　代表　斉藤達文

無茶々園で有機農業をスタートさせたばかりのリーダーたちは、このLPG基地誘致反対運動のなかで、いろんな思いをぶつけあったのであろう。それを集大成したと思える構想を示す図を、片山元治が前出の『ちょっと退屈な日々』（1982年）に描いている。

それは、「我が青春のARCADIA（理想郷）を求めて」と題するもので、高山石灰鉱山跡地の利用策として、「われらのふるさと、明浜の再生のために、手作りの町づくりを！」という提案であった。

鉱山跡地には、図のように自然保養林に囲まれた自然農園、自然牧場、花キ花木園を造成し、平場には野外音楽堂、健康保養センター、自然学校、健康食品製造給食センター、民俗歴史資料館、海浜には魚貝類増殖センターを配置するとともに、水力豆発電所と自然エネルギー研究センターまでが書き込まれている。農産物加工センターだけでなく、海産物、真珠、貝類の加工センターも構想に盛り込まれている。そして、片山は、「ふるさと再生のための町作りは、土地・水利用計画、土地保全計画、山・段畑・海資源開発計画、住宅建設計画、生活環境整備計画、保健衛生、社会保障、交通安全、消防・防災計画、公害対策、幼児小中高校教育計画、農漁業、工業、商業、観光振興計画、そして行財政計画、ｅｔｃ．が住民のコンセンサスを経て、有機的にからみあいながら進んで、はじめて美しい明浜、住みよい明浜、明るくて楽しい明浜、ゆたかな明浜の町が再生してくるものと考えます。たとえ、安全な企業を誘致しても、金もうけしか頭にない企業では、上記のような明浜町になることは不可能でしょう。いまこそ、全町民の英知を集めて、明浜の自然を生かした方向での夢ある町・明浜町を築こうではありませんか！　ふるさとは私達と私達の子孫が未来永劫にわたって生きつづける場所なのです。あなたはどうしますか」と書いている。もちろん、これを書いた片山はまだ40歳。彼は健康保養センターや予防医学研究センターは構想していたが、高齢者施設が必要になると考えるにはまだ若かったのである。いずれにしろ、彼ら無茶々園を立ち上げたミカン農家後継者たちのめざすものが、自分たちの経営をどうするかにとどまらず、手づくりで明浜を再生させるというたいへん大きな構想であったことに驚かされる。

この後、片山は、明浜のむらづくりを、「山海の自然を楽しみ、高齢者には生きがいがあり、誰もが健康で長生きできる里」にしようではないか、これを「ノートピア」（百姓の理想郷）と呼ぼうではないかという

図Ⅵ－1　片山元治が『ちょっと退屈な日々』に描いた明浜再生の構想

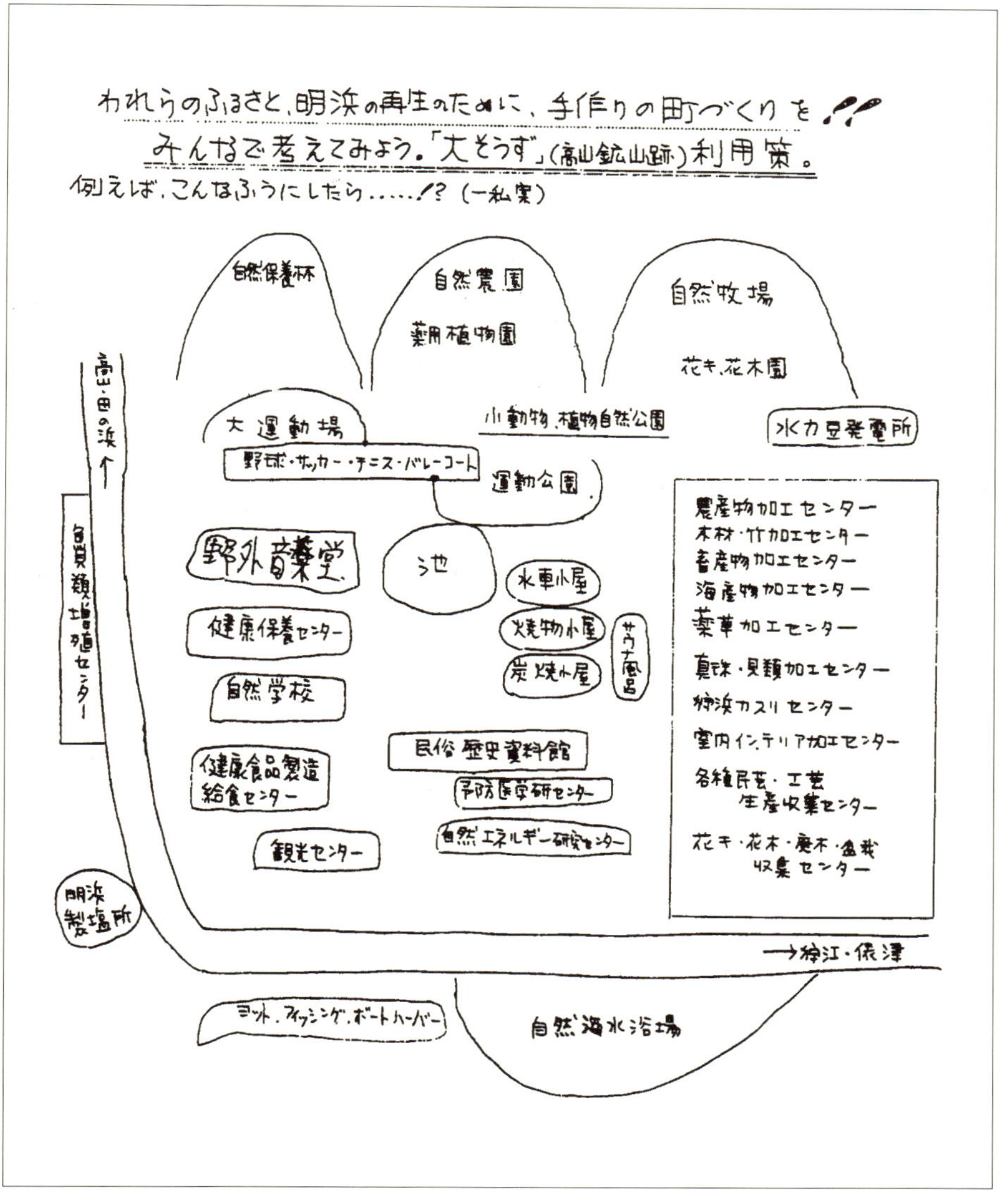

─コラム─
「無茶々園の里は豊かな暮らし型モデル」
宇都宮　氏康（ペンネーム内海志航）

構想を語り続け、それが、無茶々園の会員の幅広い運動につながっていくことになる。

その第一歩といってもいいであろう。1983（昭和58）年には、無茶々園会員の女性たちが、片山元治の夫人恵子をリーダーに無茶々園婦人部「なんな会」（「なんな」は、「何なの？」という意味）を立ち上げ、生活改善、環境改善のために、漁協の婦人部とも連携して合成洗剤の使用をやめる石けん運動などの勉強会を始めた。

海と山のつながり

明浜の海は流れの速い豊後水道から穏やかな入り江まで変化に富んでいる。石灰岩質の山からはカルシウムなどのミネラルを多く含んだ水が流れ込み、沿岸には豊富な魚類が集まる。昔からカタクチイワシの漁が盛んで、近年はイワシの稚魚であるイリコやカタクチイワシの稚魚のちりめんじゃこ（しらす）の好漁場と

なってきた。

ところが、農薬を樹園地に散布すると、水路や川を伝って海へと流れ込む。その影響で藻場がなくなり、漁獲量が減少する。明浜沿岸漁民の実感であった。化学肥料の多投も同様の経路をたどり、近海を富栄養化させる原因になった。

有機・無農薬によって樹園地と海との関係を改善していくこと、つまり海と山のつながりを取り戻すことは、農家と漁師が共生する地域社会をつくることでもある。漁師とのつながりは、無農薬・無化学肥料にいっそうの重要性を与え、無茶々園の姿勢をより強化するものとなった。

無茶々園がちりめんじゃこを販売するようになったきっかけは1980年のLPG基地誘致反対運動にある。網元「祇園丸」の佐藤吉彦は、基地が建設されて環境が変わってしまうことに危機感を持ち、この運動に参加した。佐藤は無茶々園の創設者のひとり片山元治の従兄弟である。25歳のときに明浜にUターンし、

無茶々園には創業から少し経ってから加入した。創業メンバーと仲が良かったからオブザーバーのような形で会合に参加していた。彼らと話していて楽しかった。オーラ、熱がすごかった。今の若手にも見せたいと思う。

当時はスプリンクラーのような施設もなく、年に10回以上、手作業で農薬を撒いていた。こんなこと一生はできないという思いも持っていたが、『複合汚染』を読んで彼らの話が腑に落ちた。そして無茶々園に入った。無茶々園に入って豊かな気持ちになった。何より楽しかった。化学農薬を使わなくなって体調も良くなった。消費者との交流も楽しかった。みかんと一緒に入れた葉書で返事が来るのがとても嬉しかった。

１９９２年から天歩に「虹の里へ」というタイトルでコラムを書かせてもらった。発行する方は大変だったかもしれないが、これは自分の勉強にもなった。書くためには、テーマを考え、新聞を読んだり、本を読んだり、人に話を聞いたりして勉強しなければいけない。それが地域のことを考えるきっかけになった。

明浜は立地条件からすでに価値がある。あるとき、ここの母ちゃん連中は世界に通用する、と外から来た人に言われたことがある。特別な何かをしたわけではない。普段の生活を見てもらっただけ。何の変哲もない普段のことを話す、それが価値だと思う。都会の人が喜んでくれるのはすごいこと。ここには人間の原点がある。自分達自身の価値に気付かなければいけない。無茶々園、明浜は豊かな暮らし型のモデルだとして発信していけるところだと思っている。

（『天歩』１５０号、２０１７年３月より）

宇都宮氏康（左）と次男の遼。1948年明浜町生まれ、一般企業での就職を経て、1973年に就農。現在はUターンで戻ってきた次男の遼に経営を委譲したが、ともに3haのカンキツ園を管理している

漁業は28歳の頃から始めたという。環境と地域を守るという意志を同じくする者同士が環境や地域を守るという考えに共感しあい、片山に誘われて無茶々園と行動をともにすることになった。

その後、佐藤は東京での首都圏コープ（パルシステム）の研修などで研鑽を積みつつ、1991（平成3）年に無茶々園でちりめんじゃこの販売を開始した。東京では生協の販路を活用していたが、その営業活動のありさまを見た佐藤は、「自分がつくったものでもないのに、必死に売ろうとしている人がいたことに心を打たれた」と語っている。

翌1992年は、佐藤真珠の製品も販売し始めている。佐藤真珠の社長佐藤宏二は、ちりめんじゃこ漁師の佐藤吉彦の弟である。宇和海は全国でも有数の真珠養殖の産地であって、明浜は宇和海真珠の北限に位置する。石灰岩の多い山を背景にした穏やかな海で、美しい巻きと照りを持つ真珠が育つ。佐藤真珠は狩浜で真珠の養殖から加工、販売までの一貫体制を取る代表的真珠業者である。

無茶々園の2015（平成27）年度における水産物販売額は、ちりめんじゃこが3900万円、真珠は3700万円であった（「2015年度　無茶々園総会資料集」より）。

海の緑化とジオガイド

狩江には干潮時には歩いて渡れる小島に、江戸時代に植えられた魚つき保安林があり、数百年来不伐が守られてきた。この森を守ることで、狩江の人々は先人から恵みを受け取るとともに、海と山のつながりを常に意識してきた。

磯焼けが進行し、2000年頃には自生ヒジキが少なくなり、全国的にワカメ産地が減少するなかで、佐藤吉彦はワカメの栽培ができないかと考えた。まずは沖縄産で知られるウミブドウの栽培を試したところ、かなり良い結果が得られた。ウミブドウは水温が高くなければ育たないが、これをワカメに応用することとした。真珠養殖の施設を活用したワカメ栽培が新たな産業にならないかと考えたのである。野生種の成長点を植え付ける方法には、まず海の環境を根本的に改善しなければならない。そこで自宅前の海岸で実験的に栽培を始めた。

真珠養殖は愛媛県が直接許可を出して保護・管理している。従来の真珠養殖に加えてワカメとヒジキの栽培を申請したが、許可を得るまでにしばらくかかった。ようやくワカメ栽培に取りかかったが、結果的にワカメ栽培は成功していない。何らかの薬物の影響なのか、栄養素に偏りが生じたのか、ハマチの養殖場がなくなったからなのか、外海の環境が良くなくなってきたところに人工的に栽培しようとしたからなのか、原因

コラム

次世代を担うリーダーたちの思い⑥

佐藤　哲三郎（ちりめんじゃこ漁師・網元祇園丸の後継者）

高校を卒業後この仕事に就いて13年になります。最初は言われたことだけをただ何も考えずしているだけでした。今では海の状態や、天気を見ながら自分で判断できるようになりました。

私たち漁師は自然のものを捕って生計を立てています。ただ海の生き物を捕るだけではなく、ワカメの養殖や、ヒジキの自生促進などの海藻の森を増やす活動にも取り組んでいます。また、山では農家の人たちができるだけ農薬に頼らず農作業を行っています。山で農薬を使うと栄養ゆたかな水とともに流れ出て、磯焼けなどの原因となってしまいます。地域が一つになり、協力し合い先祖が残してくれた自然を守り、次の世代へつなげていきたい。小中学校の食育の授業を通して子供たちに環境を守る大切さを知ってもらいたい。販売するだけでなく消費者の方々との交流を大切にしてより良い商品づくりをしていきたい……。そんな思いを胸に、自分の生まれ育ったこの明浜を守っていきたいと考えています。

（「天歩」152号、2017年7月より）

佐藤哲三郎（左）と父の吉彦。1985年明浜町生まれ。愛媛県立吉田高校卒業後、実家の網元祇園丸に就職。現在は取締役

はさまざま考えられるが特定できていない。

西予市は、２０１３（平成25）年9月に「日本ジオパークネットワーク」への加盟認定を受けた。西予市のジオパーク（特徴的な地層や地形の見所）は、北部宇和海エリア、肱川上流エリア、四国カルスト・舟戸川エリア、黒瀬エリアの四つのエリアと見どころとなる13のジオサイトからなり、見学場所や拠点である63のジオポイントがある。無茶々園の本拠地である狩江の急傾斜段畑もジオポイントに認定された。このジオパーク認定にともなって組織されたのが、ジオパーク案内役であるジオガイドである。

狩江にそのジオガイドが生まれている。段畑を中心に地質、自然、歴史、生業などの多様な資源を紹介しながら、地区内の散策を案内している。ガイド養成期間を経て、２０１４年に活動を開始した。来訪者は団体客が多く、教員関係、松山市の班や区、旅行会社とタイアップした体験ツアー、ジオ研修などが主である。活動初年度の活動期間は半年だったため来客数は約１００人だったが、翌２０１５年度からは年間３６０人が訪れている。例年、春、秋、2~3月に客数が多くなり、来客数に応じて登録している15人のガイドを割り振っている。その15人のうち、10人ほどは無茶々園会員である。

真珠を見たいという要望もあり、将来的には体験型コースとして組み立てられないか検討中である。また、民泊と連動することができれば、1日滞在コースも考えられる。佐藤は、「いきなり大勢の人が来ることを地元は望んでいないと思う。それよりも、友達感覚の観光ができればいい」と展望する。ジオガイドの活動は、地区内外の人材の力を借りて、段畑から漁師の生業に至る一連の営みを明らかにし、それを説明で

無茶々園会員でジオガイドの沖村梅男の案内による段畑散策

コラム

次世代を担うリーダーたちの思い⑦

佐藤　和文（佐藤真珠の後継者）

漁業を取り巻く状況は日々変化しています。例年とれる時期に魚が水揚げされず、この数十年で近海の魚種も大きく変化しました。

真珠養殖も同じで、真珠をつくるアコヤ貝の質が毎年のように変わり、前年うまくいった養殖方法では同じ結果がでない。昔ながらの漁業は今や通用しません。この変化に対応し、新たなイノベーションをもって適応していくことが求められ、守る漁業と攻める漁業の両輪が必要です。まずは海の環境を守ること。私たち漁業者のすべての恵みは、きれいな海があってこそ得ることができます。これまで続けてきた合成洗剤の不使用、廃油石けんの普及に加え、珪藻類を増やす海の森運動にも力を入れます。

次に攻めの漁業。過去にはバブル崩壊、リーマンショックなど真珠産業は幾度となく苦境にさらされてきましたが、自分たちが育てた真珠を自社で商品化まで行い販売することで乗り越えてきました。これからはその先。どこでどのように買ってもらえるか。この明浜という最高の立地があるのだから、この場所で商いをする。ここに来てもらい、うまい空気を吸って、美しい山や海を見て、この環境で育てられた生産物を、作り手、買い手の双方が納得して売買できる。そんな仕組みづくりを考えます。自然環境や市場動向に左右されず、漁業を守り続ける。10年後もその後も未来の子どもたちが活躍できる場所がここ無茶々園であるように、これからも努力精進します。

（「天歩」152号、2017年7月より）

佐藤和文（右）と父の宏二。1979年明浜町生まれ。愛媛大学卒業後、田崎真珠に就職。その後、無茶々園で職員として働く傍ら、実家である佐藤真珠の経営にも参画。2010年に佐藤真珠を継いだ

きるようにした。来訪者を意識したジオガイドの活動は、無茶々園が唱えてきた海と山のつながりを「見える形」から「見せる形」にしていくことでもある。

　無茶々園が行う消費者や都市住民向けの食育活動にも海と山のつながりが貢献している。カンキツ栽培、段畑、さらにはちりめんじゃこや海の話を織り交ぜ、子どもたちといっしょに「ちりめんモンスター」探しを行う。ちりめんモンスターとは、ちりめんじゃこの加工物に混入しているエビやカニ類など他の生物のことをいう。２００４年に大阪府岸和田市のきしわだ自然資料館が、これに「ちりめんモンスター」という名をつけて夏休みイベントに実習（ワークショップ）を行ったことから、全国に広まった。神奈川県横須賀市にも明浜という名前の小学校があった。それを生かして、横須賀市の明浜小学校での食育活動を契機に、都市住民の目を狩江に向けることにも積極的に取り組んできた。その中で、海の環境が変わってきたことや、その対応策として植林活動を展開してきたことなども話している。

　食育活動の中には、魚嫌いの子ども対策として、海産物を混ぜた煎餅を開発することなども含まれている。佐藤吉彦は、「漁師として次の世代につなげていくことをしないといけない」と力説し、海と山のつながりを説き続けている。

無茶々園婦人部「なんな会」

　１９８３（昭和58）年に無茶々園婦人部「なんな会」が立ち上げられた。結成時のメンバー5人は、リーダー片山恵子のように大分県出身で宮崎大学農学部在学中に片山元治と結婚して、明浜町に来るなど、いずれも明浜町外生まれで、環境や健康に関する意識が高い女性たちであった。彼女たちは無茶々園から個人会員にカンキツを発送するための送り状を書いていたメンバーであり、「なんな会」そのものは、無茶々園の名付け親である斉藤達文が農家の嫁の小遣い稼ぎの場をつくってはどうかという呼びかけに応えたものであった（「なんな」は、「何なの?」という意味）。

　結成当時、タケノコの水煮やジュースをつくり、小遣い稼ぎとして何ができるのかを模索していたが、これらが商品化されることはなかった。その1年後、地元のちりめんじゃこを購入して販売するようになった。無茶々園の顧客に直接電話するという方法で営業活動を展開していったが、数年後には自分たちでさばききれないくらい注文を受けることとなり、メンバーの川越江身子によれば「怖くなるくらい売れてきた」ため に無茶々園に移したという。後の無茶々園による海産物取扱いの基礎をつくったともいえよう。

ところで、無茶々園がスタートした１９７０年代は、高度経済成長にともなう公害問題が一挙に噴き出し、環境汚染と大きな住民被害が発生した時代であった。そして、宇和海とともに暮らしてきた明浜の女性を刺激したのが海の汚染問題であった。１９５６（昭和31）年に公式確認された水俣病は、チッソ株式会社が垂れ流した有機水銀による海の水質や底質の汚染を原因とし、魚類の食物連鎖を通じて人の健康被害が生じたものである。その因果関係を厚生省が認めたのは１９６８（昭和43）年になってからであった。

いまひとつが、一般家庭の生活様式の変化であり、電気洗濯機の普及にともなう衣料用合成洗剤の爆発的な普及による河川下流域と河口海域の水質汚染であった。下水道整備の遅れの中で、家庭から出る洗濯洗剤廃液の垂れ流しによるものであった。リン酸塩が含まれていた洗剤が海の富栄養化の原因となった。それに含まれる化学物質の自然環境での生分解性が悪い合成洗剤に替えて、石けんを使おうという合成洗剤追放運動が、農協・漁協・生協によって１９８１（昭和56）年に組織された。「協同組合石けん運動連絡会」（協石連）である。

「なんな会」も生活改善、環境改善に取り組もうと、合成洗剤の使用をやめる石けん運動などの勉強会を始めた。そして、廃油からの石けんづくりを始めた。講師を呼んで勉強会を開催し、町長に直談判して「石けんハウス」をつくってもらった。

「なんな会」の活動は、狩江以外にも呼びかけて広げるとともに、漁業協同組合婦人部とも連携してきた。しかし、活動に参加するのは限られた人物だけとなり、役を引き受けたがらない会員も多くなってきたため、「最後はみんなで旅行に行って楽しもう」と有終の美を飾ったという。その時期は記録として残っていないが、無茶々園の２００４年度総会に「なんな会」を再開するという計画があるため、この頃には既になかったことがうかがえる。結局「なんな会」は再開されなかったが、無茶々園や地域の女性組織は、後述の「てんぽ屋」や「かりとりもさくの会」に関係する地区の女性で構成される「もさく女子会」などに生まれ変わっている。

ワーカーズコープとの出会いから福祉の取組みへ

「日本労働者協同組合（ワーカーズコープ）連合会」は、「働く者どうしの協同」「利用者・家族との協同」「地域との協同」といった三つの協同の精神を掲げ、地域再生とまちづくりを出資・経営・労働が一体化した協同労働で進める全国組織である。事業内容は、介護・福祉、子育て、公共施設の運営、総合建物管理、環境緑化、食・農・環境関連の取組みなど多岐にわたる。加盟団体による連合会を組織し、2012年段階で約5万人の組合員・就労者が所属している。

1993（平成5）年に岡山市で開催された「雇用シンポジウム」（主催ワーカーズコープ）に片山元治が講師で招かれた。この出会いによって、無茶々園の関係者は協同労働の理念に感銘を受け、同連合会に加盟し、その後の行動をともにすることになる。ワーカーズコープは1995年10月には、「産消連帯委員会」を立ち上げ、無茶々園のカンキツの販売を始めている。

ワーカーズコープは、当初から福祉活動を行わないかと無茶々園に投げかけてきた。しかし、その頃は技術やノウハウがなく、自前の事業として取り組むには時期が早かったため、まずは「ヘルパー養成講座」を1995年から開始した。3級ヘルパー養成講座を行ったところ、明浜町外からも含めて多くの参加者があり、50人近くが修了した。さらに、2級ヘルパー養成講座を1997年から5回程度開催し、合計で約150人が修了した。これらの講座は、ワーカーズコープの指導を受けつつ、無茶々園が主催したものである。

ヘルパー養成講座の目標は、資格を持つ者を住民の中から養成し、住民が地区内の要介護者を支援する住民支援型福祉というべき活動を興すことであった。研修直後は、住民主体のサービスが生まれるなどの動きがすぐに始まることはなかったが、その後に大きな芽吹きの種となっていく。

2級ヘルパー養成講座の際にアンケートを取ったところ、町内の高齢者世帯への弁当配達が必要だという意見があった。これならできると有志が集まり、2009年に「てんぽ屋」が結成され、住民支援型福祉が第一歩を踏み出した。「てんぽ屋」という組織名は、無茶々園が1991年から発行し、会員に郵送している定期機関紙「天歩」（テンポとは、とほうもないという意味の方言）からとった。

「てんぽ屋」の前身は「はちばっせ」（とんでもないお転婆という意味）という女性グループで、佃煮など無茶々園がふるさと便で消費者に送付する商品をつくっていた。発足当時は4人だったが、現在は5人で運営している。2017（平成29）年1月に、「かりえ笑学校」（後述）に厨房を移している。毎週木曜日に35食の弁当をつくり、希望する高齢者に配達する。

「てんぽ屋」のバイキング

1食500円で、行政などからの補助金はなく、料金は利用者が負担している。定期的な配食の他、無茶々園の勉強会や視察者や大学生の訪問時など、注文があれば弁当をつくる。その他、「かりえ笑学校」への移転を機に、1人800円食べ放題のバイキング料理を、ほぼ2カ月に1回程度のペースで提供している。

配食サービスは単価が安いうえに、大量に販売して儲けを出すという発想を持っていない。弁当注文も10食程度であれば赤字になる。バイキングは5人のメンバーに加えて2、3人を雇って運営しているが、注文の予測がつかないため、料理が残ってしまうこともある。代表の酒井五十鈴は、「たいした儲けにはなってないですよ」「みんな農家で忙しい時期は動きにくいんです」と言う。しかし、「無茶々園に勉強しに来て、将来を担ってくれる人たちのためになるからやるんよ。みーんなそんな人ばっかりよ」と笑顔で語る。

株式会社「百笑一輝」と「めぐみの里」「海里」

老人ホーム併設型のデイサービスセンター施設長の清家真知子は、2級ヘルパー養成講座の修了者であった。これまでに複数の施設の立上げに関わったが、営利主義ではない本当の福祉がしたいという夢を持っていた。無茶々園が福祉事業を模索していた時期に、明浜東中学校以来の同級生であった大津清次から手伝ってほしいと要請された。

施設の建設には1億円程度を要する。清家が立てたプランを銀行に相談したところ、これならいけるという返答をもらったため、急いで運営母体となる株式会社「百笑一輝《ひゃくしょういっき》」を2013（平成25）年に登記し、施設の設計を行って借金をした。2015年段階で同社は、無茶々園会員26人が995万円を出資している他、消費者から「無茶々の里町づくり・都市共生基金」として90人から489万円集めている。

当時を振り返る大津は、「夜寝られんくらい悩んだよ」という。そして、「それでも早くせんと、清家がやめて移って来られんから」と、大きな決断をした胸の内を打ち明けた。「わしがおらんようになっても替わりはいくらでもおるが、清家の替わりはおらん」という言葉から、清家への信頼と成功の確信が伝わってくる。

一般的に現行の介護制度は、老々介護を含めて自分の親を介護してもお金にはならないが、隣の家の人を介護すればお金が入る構造である。1990年代後半から無茶々園が模索してきた「住民支援型福祉」は、住民の成熟にともなって住民同士が支え合うヘルパーステーションの設立・運営から始めようと考えていた。ここで強力な清家という人材が存在したことにより、施設型へ一足飛びに転換する。

このような経緯で2014年に、狩江の東隣、俵津《たわらづ》にオープンした「めぐみの里」は、すぐに満室になった。そのため、翌年2015年には「めぐみの里」の向かいに、二つ目の施設「海里《みさと》」を立ち上げた。なお、これらを狩江ではなく俵津に建設した背景には、「たんぽぽ俵津診療所」と連携し、いざという時には診療所から医療関係者が来てくれることを重視したということがある。たんぽぽ俵津診療所は、たいへん特徴のある診療所で、医療法人ゆうの森（松山市）が、過疎

コラム

「都市生活者から学んださまざまな運動」

片山 恵子

片山恵子（左）。右は長男の妻、奈津子と孫の喜平太。1950年生まれ。大分県出身。宮崎大学在学中に無茶々園の創始者のひとり片山元治と出会い、結婚。卒業後、1972年より明浜で農業に従事。現在は息子夫婦とともに3.6haのカンキツ園を経営

自分自身も合成洗剤でなく石けんを使いたい、添加物を使いたくないという思いがあって、夫の片山元治と一緒に無茶々園を始めました。

始めた当初は何でも自分たちで。社員もおらず農家が集まって家事をしながら電話を取ったり、事務仕事をこなしていました。当時の運送手段は鉄道便。収穫した後、自分たちで荷造りをして隣町の駅まで持って行き発送。そうしたら15kg箱で1日40箱を作るのが精いっぱい。でも、それをわざわざ駅まで取りに行き、配って広めてくれる人、カメムシの被害を受けても買い支えてくれた人がいたことがとても嬉しかったですよ。

生産者の奥さんが集まってできたのが、「なんな会」でした。資金稼ぎにちりめんじゃこを小分けして販売することから始まりました。なんな会で消費者の方と話しているとき、石けんを使おうというのは男性が勧めても説得力がないと感じたのです。私たちが石けん運動について語れるようになろう、そのためには勉強会をしようとなりました。初めのうちは興味のない人が多かったのですが、消費者とつながるうちに興味を持つ人も増えていきました。

消費者の方のなかにもさまざまなエキスパートがいました。石けん運動だけでなく、ジュースや牛乳の低温殺菌など、勉強会を開き消費者の方からいろいろ教えてもらいました。そして来てくれるお客様にはどういう食事を出せばいいか、とまた勉強会を実施する。そんな習慣ができたんです。なんな会自体は、働きに出るなど農業に関わる女性が減っておこなわれなくなってしまいました。でも、そういった勉強会を実施してきたことが後々のヘルパー講座、ひいては地域介護のレベルアップにつながっていったのではないかと思います。

化で経営の行き詰った国保俵津診療所の受け皿として、地区住民や西予市からの要請を受けて開業した診療所である。ゆうの森の永井康徳理事長を中心に、9人の医師が交代で俵津に赴き、午前は外来診療、午後は在宅診療を実施し、24時間365日対応する体制を築いている。

これらの施設を活用した取組みとして、2016年3月から「海里いきいきさろん」を月に2回のペースで開始し、地域の方々が気軽に集まり相談できる場所づくりをめざしている。また、同年7月には居宅介護支援事業所を開設し、地域の中へ入っていく機会が増えた。これらの取組みにより、株式会社百笑一輝の収支は2年目で黒字となり、以降は順調に推移している。

農水産物は販売することによって組合員の利益につながる。しかし、顧客は地区外の人々である。一方、福祉は顧客が地域の人である。そのため、事業を成り立たせるためには地域との信頼関係が不可欠である。福祉の実践を通して、これまで有機農業をめぐって対立した人や関連が薄かった地区や人々との間に絆が生まれ、一目置かれる事業者になっていく余地があり、また、そうならなければならない。

株式会社百笑一輝が手がける施設の建設や運営には、生活全般を支えるものをつくっていくという思想がある。施設へ行っても生活の質を変えることなく暮らすことができるよう、細かい配慮がなされている。また、当初は無茶々園が福祉を行うことに対して十分に理解していなかった住民に対し、ていねいな説明を繰り返すことにより、しだいに取組みが浸透していった。職員は、清家がこのような考え方のもとに声をかけて集まってきた人材であり、現在では本格的な地域福祉の担い手となっている。

今後は、「働けるデイサービス」をめざしている。デイサービスで楽しい遊びの時間をつくるだけでなく、それぞれの能力に応じて、手仕事に参加し、働ける喜びと自分の居場所を見つけてもらおうという取組みである。すでに、キヌサヤエンドウ栽培、パーティグッズのクラッカーの袋詰めなどの手内職や、アロマオイル製造原料のカンキツ皮はぎなどが、デイサービスに来た高齢者の励みになっている（クラッカーは円錐形の紙製玩具花火で、宇和島市の㈱カネコと北宇和郡鬼北町の㈱フジカの2社で全国の100%を生産している）。

また、学童保育を実施する案も出ている。このような取組みの進展により、福祉から地域を支えるかたち

コラム

「私たちがめざす新3K『感謝・感動・感激』」

清家　真知子

3Kと言われる福祉の仕事ですが、私たちがめざすのは新3K、すなわち感謝、感動、感激を与えられる仕事です。最後の看取りまですることで、本人、家族との絆が深まります。ここに来て良かったと言ってもらえる。足が悪くなったらそこで終わりではなく、生活の質は変わらない。支えることが私たちの仕事です。

いま順調に利用者が集まるようになりましたが、当初はデイサービスになかなか来てもらえませんでした。高齢者も畑仕事をしており、デイサービスは贅沢という認識があったのです。また、準備段階ではよく理解されておらず、費用が高い施設とも思われていました。

それでも、困ったときの駆け込み寺となろうと、他の施設では難しいような人も受け入れたり、直接ていねいに説明することで理解してもらい、開所してから半年ほどたったころには、利用者が増えてきたと実感できるようになりました。

百笑一輝の運営する施設は、高齢者だけでなく、子どもや障がい者も含めた福祉の総合拠点にしたいと考えています。働く場、生きがいづくりの場となれば、情報共有の場となり、コミュニティができます。あそこに行きたいと思ってもらえる場所になるためには、人材が大事です。職員もみんながんばって自発的に行動してくれています。地域福祉を担う人が育っていると実感しています。

（「天歩」152号、2017年7月より）

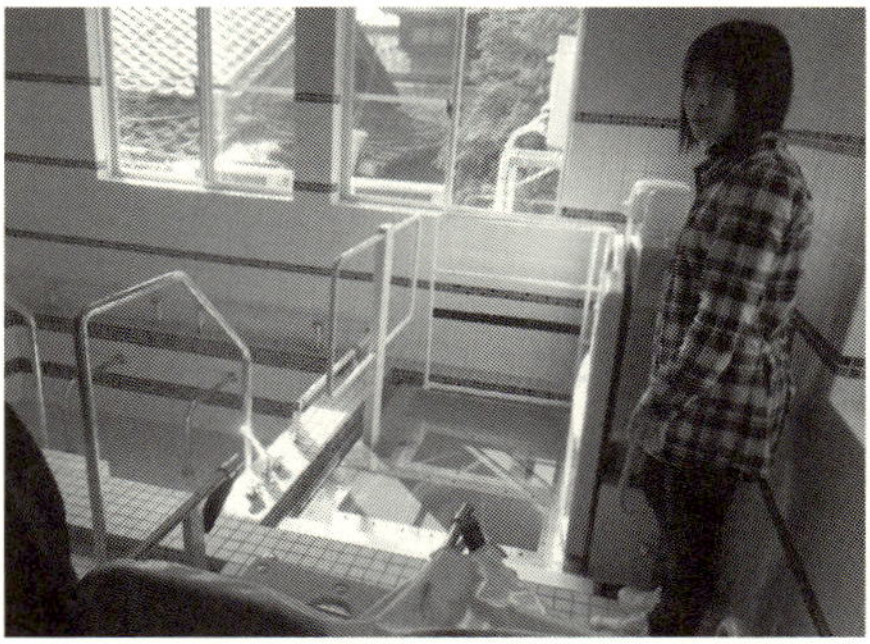

「めぐみの里」の充実した入浴施設と清家真知子。1965年明浜町生まれ。愛媛県立宇和高校を卒業後就職。1995年に無茶々園が開催したホームヘルパー講座に参加し、2000年より介護職に従事。現在はめぐみの里（2014年開所）と海里（2015年開所）の総括管理者として活躍中

が展望できる。

まちづくりとひとづくり

無茶々園設立から40年以上が経過した今、次世代への交代がスムーズに進むのかという問題意識もある。それは、たんに農業の担い手だけではなく、地域社会の担い手であることにも直結する。

狩江には世代ごとの活動母体があり、それぞれが今も活発な活動を展開している。

「妄想コンドルの会」は、高齢者の生き甲斐実現のため、2005年冬に結成された。会の名前には、孟宗竹による竹炭生産活動、年寄りの妄想、そして大きく羽ばたくコンドルのように、という意味が込められている。当時の無茶々園は、ちょうど活動分野の幅を広げていった頃である。創立メンバーは宇都宮利治、山下佐賢、沖村梅男の3人であり、いずれも戦前生まれの幼馴染みで、無茶々園会員である。シイタケ栽培、「媛っこ地鶏」（愛媛県認定のブランド）の飼育、改植園地の調査などを行ってきた。主力メンバーはいずれも現在80歳代となっており、そろそろ次の世代に任せようかという話も出ている。

これに続く60歳から70歳という世代は、明浜町で青年団活動が盛んであった1950〜70年代を支えた層である。演劇を始めとする青年団の活動を元気にやってきた世代で、「狩江青年団」の全盛期には50人を超える団員がいたという。青年団自体は1994年に自然消滅しており、消滅後は「壮年会」会員として地域を支えている。

青年団の消滅後12年の空白があったが、2006年に「狩江青年会」ができた。青年団と異なり、青年会は結婚しても残ることができ、既婚者も入会可能であるため、比較的幅広い世代が加入している。会員は30〜40歳代を中心とした約50人で、男女比率でみると若干男性が多い。活動内容は、運動会への参加、盆踊りの準備、交流会の企画などである。

そして、これら組織には、「妄想コンドルの会」だけではなく、無茶々園関係者が大きく関わっていることを特徴にしている。とくに2000年以降に町外から移住してきた人材は、時期的にも年齢的にも青年会層であり、実際に各種活動において活躍している。それぞれの世代に活動の場と組織があることは狩江の強みでもある。

「かりとりもさくの会」

２００４年（平成16）に西宇和郡の三瓶《みかめ》町に加えて、東宇和郡の明浜町、宇和町、野村町、城川町の４町が合併して生まれた西予市では、三好幹二市長（任期は２００４年５月から２０１６年５月まで３期）の積極的な地域振興施策として、２０１１年に「せいよ地域づくり交付金事業」が始まった。この事業では、おおむね小学校区を基本単位とし、「住民が主体となって地域づくり活動を行う組織」を設立することとなっている。これは「地域づくり組織」と称され、「地域の住民の同意により設立された組織、又は地域住民の同意が得られた既存の組織」と定義されている（２０１１年３月28日告示「せいよ地域づくり交付金事業実施要領」より）。これ以来、市内27地区で「地域づくり組織」が設立されて交付金の受け皿となり、住民が自ら策定した計画に沿って自主的な活動を行ってきた。

このような動きは、全国的に「小さな自治」、「小さな拠点」、「地域運営組織」などと称されている。おもに平成の大合併で行政サービスの低下や事業費の削減が叫ばれる中で、地域住民の自立的・主体的な活動を期待するものとして登場し始めた。イベントの企画・実施、特産品加工、都市との交流、高齢者の見守り、子どもの育成、定住など、地域の実情や自主性に応じて多様な活動が展開されている。地域の活性化が求められる中で、地域が主体となって真に必要とする動きが期待されている。

西予市の施策を受け、狩江では２０１１年６月に「かりとりもさくの会」が設立された。「かりとり」は狩江の「かり」と渡江の「と」を、「もさく」は「模索」を表しているという。会則によると、会の目的は、「地域が直面する様々な課題を解決するために、住民が率先して自立できる地域づくりをめざし、ひとり一人の叡智と思いを結集した創意工夫により、持続可能で、すべての人が大切にされる地域社会をつくりあげ、次代につなげていくこと」とされている。また、持続可能な地域社会をつくるためには産業振興が必要であると認識されており、設立当初から仕事づくりによって定住が可能となり、地区が維持できると考えられている。

それまでは、狩江に複数ある区や班を一本化する必要性が認識されつつも実現に至らなかったが、「せいよ地域づくり交付金事業」の導入を契機に地区全体がまとまるきっかけが生まれた。

かりとりもさくの会は、年間約２００万円の基礎型交付金を活用しながら、健康づくり、歴史文化の継承、女性の活躍の場づくりなどを行ってきた。２０１３年度にはジオガイドの養成も当会の活動として実践され、市のジオパーク構想よりいち早く具体的な動きを見せてきた。

さらに、西予市は２０１６年度から従来の基礎型交付金を減らす一方、各組織が提案する事業を審査して採択したものに対して上限３００万円が最長３カ年交付される「手上げ型交付金事業」を始めた。かりとりもさくの会は、２０１６年度と２０１７年度に積極的な提案を複数行ったところ、すべて採択されて、いっそう充実した活動を行っている。その代表が、「かりえ笑学校」の活用、耕作放棄地を活用した野菜づくり、子育て支援、大学との交流、海の環境改善、空き家対策などである。

ここまで活動分野が多様で数の多い地区は他に少なく、かりとりもさくの会は西予市内できわめて活発な「地域づくり組織」と評価できる。その背景として、江戸時代の寺子屋設置から続く教育力の高さがあり、これが小学校ＰＴＡを中心とした地域ぐるみの子育てにつながっていることがある。加えて、かつては青年団活動や婦人会活動が活発であり、これらが社会教育にうまく転換されていったことも大きい。さらに近年は、無茶々園に来たＩターン者が定住し、地域活動の担い手として活躍していることは注目に値する。

「かりえ笑学校」

狩江小学校は２０１５年３月で廃校となり、住民にとって残念なことではあったが、これを前向きに受け止め、校舎をリニューアルして地区の拠点施設とし、住民が主体的に管理運営を行っていく方向性が出された。西予市との協議で、廃校後の校舎は地区から提案された計画を重視して今後にしかるべき整備を行うこととなった。

これを受け、狩江小学校の跡地利用が地区最大の課題となった。かりとりもさくの会では、２０１４年度に「学び舎再生検討会議」を実施して「学び舎再生計画案」をまとめるとともに、２０１５年度に「学び舎再生準備会議」を実施して「学び舎再生利活用計画」を打ち出した。これらの会議では、かりとりもさくの会の交付金事業の担当者集団にあたる「種まき班」を中心に、地区内外の関係者が参画している。1カ月に1回のペースで会合を行い、小学校跡地利用を具体的に議論してきた。

2015年度まで行われた検討の結果、施設利用の母体は市と契約を結ばなければならないことが課題となった。かりとりもさくの会は住民の意見が反映された自主的な組織であり公的な要素を持つが、あくまでも任意団体である。そのため、しっかりとした運営体制が構築できる法人組織が望まれた。しかも、外部から参入して利益を追求する法人は好ましくなく、地域とともに歩む法人格を有する組織でなければならない。そこで、かりとりもさくの会は無茶々園に対し、運営母体となって施設管理を進めてくれるよう打診した。無茶々園は、「かりとりもさくの会や区長会、狩江住民の積極的な取組み」を条件に受諾し、利活用団体の代表法人となった。

利活用団体には、法人格を持つ無茶々園が管理代表者を担い、その中にさまざまな組織・団体が入っている。施設の運営は、運営費を含めて、無茶々園を中心にしつつも、関係する組織・団体が話し合って調整していくこととしている。

2カ年の検討を経て、狩江小学校の校舎は「かりえ笑学校」として2016年度に再出発することとなった。同年4月には「開校記念行事」を行って名称をお披露目し、8月には「かりえ笑学校開校イベント」を行った。

無茶々園はいち早くここへ事務所を移転し、常駐することとなった。これにより、拠点施設の管理者としても、

廃校を活用した地域の新たな拠点「かりえ笑学校」。無茶々園の本部機能もここに移転

2016年8月に行われた「かりえ笑学校開校イベント」

地域づくりでも重要な役割を担っていくこととなる。現在は、「てんぽ屋」、子育て支援グループ「のびのびプラタナスの会」、大工の酒井久夫アトリエ「木づかい工房」が入居しており、地区内各種団体の活動、大学の学習の場などの利用もある。

なお、2016年度からは、かりとりもさくの会の若い世代によって構成される「よもさく委員会」を設置し、引き続き校舎利用について検討と実践を行うこととした。

農家組織から地域組織へ

無茶々園が注目を集めたのは、1978年にマスメディアで取り上げられたことが契機となったことは既述のとおりである。1970年代末は食の安全・安心に関心を持つ消費者が増えた時期であり、無農薬・無化学肥料に注力していることが全国規模で報道されたことで注文が急増する。この時期までは資産も倉庫もない状態であった。また、初期は任意組織とはいえ、1980年までの6年間は規約もなかった。

取引がある程度増加しても、しばらくは個々の農家が持つ施設や資産で対応が可能だった。しかし、取引が一定数を超えた時点で施設の取得が必要となり、配送の効率化も図らなければならなくなった。そのためには借入れが必要であり、さらには職員の福利厚生を始めとした保障を考えなければならなくなった。農家集団として処理できる限界である。そのため、金融、物流、雇用といった諸制度や仕組みに対応する必要に迫られ、1989（平成元）年に「農事組合法人無茶々園」が設立された。

農事組合法人設立2年後の1991年からはちりめんじゃこを、さらに1992年からは真珠の販売も手がける。ただし、農事組合法人で海産物を大々的に販売することは難しいため、1993年に「株式会社地域法人無茶々園」を設立した。ここでは、農産物に加えて海産物の販売、加工品の企画・製造・販売、情報発信、経理・管理業務など、農事組合法人の範疇を超えた業務を行っている。株式会社設立は、農事組合法人を設立したわずか4年後のことであったことから、急を要していたことがうかがえる。そして、株式会社設立によって企画・販売部門を特化させ、地域の総合商社ともいうべき姿へ転身した。

1990年代中期から2000年代中期にかけては、関連する組織があいついで設立された。大津は、「片山さんがずーっと播いてきた種がいっせいに芽を出した」と表現する。まさに「ノートピア構想」が成熟していった期間と見ることができよう。そして、発足後30年目にあたる２００４（平成16）年に「地域協同組合法人無茶々園」が設立された。これによって関係する複数の組織が、さながら運命共同体として一体化された。

２０１０年代に入ってからは事業所型の福祉活動が本格化する。２０１３（平成25）年に「株式会社百笑一輝」を立ち上げ、これを母体として２０１４年に「めぐみの里」、２０１５年に「海里」の福祉事業所をあいついでオープンさせている。福祉活動の成功により、地域社会を支える役割が顕著になった。ここまでの広がりを持つまでに40年を要した。

ところで、農耕社会は集団や個人が多面的な役割や仕事を担う性質を持つ。対して、特定の分野・部門が特化していく過程は、産業社会における専門分化になぞらえることができる。農事組合法人や株式会社の設立による組織や体制の転換は、農耕社会から産業社会へ適応していく過程と位置づけることができる。これは農家組織から企業化への動きであり、農村や農業のあり方にきわめて大きな転換をもたらすものである。

しかし、先人が川柳に「段畑を芸術と言うは他所の人」と詠んだように、狩江のカンキツ栽培が効率を求めることは地形的に厳しいものがある。大津も「狩江で普通に農業をしても儲からん」と言い切る。環境保全、自然志向、自給自足などの言葉は、一見すると聞こえが良いが、その裏には労働負荷の大きな段畑地帯は農業の近代化と相性が悪い実情があった。そのため、狩江の農業は産地形成路線を選択して他産地と競うことをせず、段畑を有する風土とともに生きる道を選択せざるをえない側面を強く持っている。このことが地域の暮らしや生き方をまるごと考える背景となっている。そして、企業化はしても経済性の追求に特化せず、地域組織としての姿勢を生み出し、地域の総合商社である株式会社、運命共同体である地域協同組合、福祉による地域を支える役目を実現させていったのだとみることができる。

おわりに――これからの農業経営モデルと無茶々園がめざすべき方向

農事組合法人無茶々園の会員農家は、明浜町のカンキツ栽培農家の4割を占めるまでになった。その相当数は農業後継者を確保し、経営規模の拡大をめざしてきた。しかし、無茶々園の非会員農家の後継者確保率は会員農家よりも低く、経営者の高齢化にともなって耕作維持が困難になるカンキツ園地が増加し、耕作放棄園の拡大を防ぐことが困難になっている。

そこで第1に、現在の会員農家の有機生産技術のさらなる向上と、耕作維持が難しくなった園地の経営を引き受けることのできる5ha規模の水準に達する大規模有機カンキツ経営の確実な育成が望まれる。

同時にカンキツ栽培との複合で、耕作放棄園の転換によるブルーベリーなどのベリー類やイチゴなどの観光農園、広葉樹植栽と菌茸類栽培など、これまでにない多様な作目導入による複合経営の模索が望まれる。5ha規模カンキツ有機栽培経営の育成だけでは、園地の維持は困難だと考えられるからである。

その複合部門は、カンキツ農家の協業部門として共同経営が検討されてもよい。その担い手には、会員農家の高齢者を含む女性、さらに新規就農者の研修農場としての位置づけがあってもよい。

全国からの非農家出身の新規就農者の募集と、この新規就農者を自立できる経営に育成することも無茶々園の課題である。新規就農者がめざす自立経営は、カンキツ専門経営に限定せず、多様な協同経営とすれば、育成の可能性は広がるのではなかろうか。

第2に、無茶々園会員農家の大半は、無茶々園が展開する生協産直など独自の販売戦略によって、十分に生産費を補てんする農家手取りを保証されている。しかし、東宇和農協明浜共選場は、明浜町内のカンキツ園の面積減少と出荷者の共選場離れによって、集荷量の減少傾向に歯止めがきかなくなっている。共選場出荷農家に対しては、光センサーを含む共選場施設の維持管理費を含む出荷流通

おわりに

経費の引き上げを求めざるをえなくなっており、その先行きに暗雲が広がっている。東宇和農協からの要請を待ってからではなく、無茶々園から共選場の管理運営を共選場すべてではなくとも、その一部でも引き受けることを提案し、非会員農家の共選場出荷をバックアップすることも大いに検討すべきである。

すでに無茶々園は高齢者福祉事業に参入し、明浜町では農家組織から地域組織への展開に大きく踏み出している。明浜町の基幹産業であるカンキツ農業の集荷販売拠点である農協共選場の管理運営を引き受けることで、無茶々園は明浜町農家全体と連携する地域組織としての役割を担う展望を開くことになる。

第3に、これからの農業経営モデルには、明浜町内における複合経営にとどまらず、西予市全域での有機栽培を主体にした環境保全型農業での複合協同経営を構想すべきである。

明浜町に隣接する宇和町の水田農業と野村町の畜産（酪農・肉牛で四国一の畜産地帯）では、東宇和農協や西予市との協力・支援のもとに、新たな耕畜連携がめざされている。

水田農家の飼料米やホールクロップサイレージ稲の生産が拡大し、その収穫は畜産農家がコントラクター組合を組織して行い、自給飼料化する動きがすでに始まっている。

さらに牛糞尿は堆肥原料としてだけでなく、バイオガス発電の主原料として利用でき、メタン発生後の消化液は液肥として農地への還元が有効である。つまり、飼料の地域内供給だけでなく、廃棄物循環も西予市全域の農業を環境保全型農業として活性化させる重要な課題になってくる。

そこで注目すべきは、明浜町のカンキツジュース搾りかすである。乾燥搾りかす(シトラスパルプ)の配合飼料化に止まらず、バイオガス発電のメタン原料化が可能である。東宇和農協が構想する畜産クラスターの実現に向けて、明浜町のカンキツ農業はメタン原料供給で後押しできる。

無茶々園は、宇和町・野村町の新たな耕畜連携において、水田飼料作を除草剤散布なしの有機栽培化と廃棄物循環を推進して、西予市農業全体の環境保全型農業化の中に、自らの居場所を求める時代になっているのではなかろうか。さしあたり、カンキツ農家と水田農家・畜産農家との若い世代の農作業労力交換がありうるのではないか。

すでに西予市には「西予市有機農業推進協議会」（代表者：西予市長）が組織されており、農事組合法人無茶々園は主力参加団体のひとつである。農水省の「産地収益力向上支援事業」を活用して、２０１０（平成22）年度から２０１５年度には「有機農業指針事業実施計画」を実施している。時代を突破して無茶々園の有機農業をして、西予市農業の環境保全型農業への推進役を担うには、西予市農林水産行政や東宇和農業協同組合とタイアップしながら、この協議会組織をそのための本格的議論の場として再生させることが望まれる。

無茶々園創設者のひとり片山元治がめざすとした「ノートピア（百姓の理想郷）」づくりは、本拠地狩江の東隣の旧村俵津に高齢者施設を建設することで、無茶々園は活動エリアを広げるとともに農家組織から地域組織への新たな発展段階に入った。

そこで問われるのは、無茶々園が地域づくり運動に参加し、重要な運動の担い手としての役割を果たすうえで、百姓の理想郷ならこそ、明浜町・西予市の基幹産業である農林水産業を後退させてはならないのであって、農林水産業を発展させる基幹的な地域組織のひとつとしてのさらなる展開が求められる。

年表・無茶々園の歩み

１９７４年５月　農業後継者の若手が廣福寺住職の好意で15ａの伊予柑園を借り、「無茶々園」が誕生する。
１９７５年　自然農法の福岡正信氏（伊予市）の園地を見学。
無農薬・無化学肥料での栽培を始める。
１９７６年　無茶々園の農業に対する考え方が大筋でまとまる。
１９７７年　ヤギ10頭を長野より購入し、有畜複合経営を始める。
１９７８年　無茶々園が初めてマスコミに登場（ＮＨＫ、朝日新聞、愛媛新聞など）。メディアに取り上げられ、有機農法について理解が広まり、販売も全国へ。
１９７９年　会員４人の自園地で試作栽培を始める（１ha）。販路拡大のため東京研修を開始。神田市場、自然食品店、生協、消費者グループ、日本有機農業研究会などに出掛け、栽培技術から販売に至るまで勉強。全国自然保護連盟の高知大会に出席。無茶々園規約を作り、機関紙「天歩」の発行をスタート。明浜町ＬＰＧ基地誘致反対運動に参加。
１９８０年　都市型産業の導入が破綻したことで、無茶々園の「ノートピア」構想が日の目を見る機会が出てきた。
１９８３年　なんな会（無茶々園婦人部）発足。
１９８４年　ミカン価格の低迷により、地域へ普及拡大を図る。会員数が32人に増加。無茶々園事務所を開設する。
１９８７年　明浜農協も有機農業部会として無茶々園を認めることを理事会で決定。
１９８８年　明浜農協に有機農業部会を発足。会員数64人、栽培面積56haに。
１９８９年　ＮＨＫ「おはようジャーナル」にて全国放送され、消費者会員が急速に増える。「農事組合法人無茶々園」設立（資本金70万円）。
１９９０年　日本有機農業研究会の大会を明浜で開催する。第２次ヤギ牧場を開設。会員数も面積も町内全体の１割を超え、着実に若い農業者に浸透。
１９９１年　機関紙「天歩」の定期発行を開始。明浜産のちりめんじゃこの販売開始。台風19号による塩害・

１９９２年　風害でミカン園が壊滅的な被害を受ける。
１９９３年　真珠の販売を開始。「台風に負けないぞパック」出荷。
１９９４年　「株式会社地域法人無茶々園」設立（資本金１０００万円）。生きがい農業としてキヌサヤの生産を始める。本浦地区においては、50haのカンキツ園にスプリンクラー灌漑施設が出来上がり、地区全体で無茶々園に取り組むか、農薬の散布をするかで意見が分かれながらも奮闘。
１９９５年　無茶々園20周年記念式典開催（明浜町農林漁業体験実習館＆農産物集出荷場完成）
１９９８年　日本労働者協同組合連合会に参加。町に働きかけてヘルパー養成講座３級講座開講する。
１９９９年　新規就農希望者の受入れ拠点として「研修センター」の本格的な取組みが開始される。
愛媛大学のベンチャー企業である株式会社愛媛地域総合研究所に、松山市北条で取得する農地に対して「新農場開発に係る構想案（～１９９９年度）」事業を委託。同地で農場の樹園地から畑地への基盤整備（構想では「未来農場」）を図り、野菜作に着手した。
「ファーマーズユニオン天歩塾」を設立。南宇和郡愛南町で甘夏の園地を取得し、大規模有機農業の取組みを開始。
２０００年　西予市宇和町に出荷場を取得し、有限会社「有機生活しこく」を設立（資本金３００万円）。明浜町外へカンキツ生産者を拡大。狩浜の2地区でスプリンクラーによる農薬の共同散布が中止される。無茶々園IT革命スタート、農家にパソコンを導入。その際、株式会社愛媛地域総合研究所の理事、事務局長である学生を中心として設立されたＮＰＯ法人農畜環境委員会が指導に当たるとともに、「ＩＳＯ１４００１」取得に協力した。
２００１年　農事組合法人無茶々園が「ＩＳＯ１４００１」を取得。松山市北条に北条風早農場を開園し、「有限会社ファーマーズユニオン北条」を設立。
２００２年　「ＮＰＯ法人研修生招聘協会」を通じて、フィリピンからの海外研修生受入れを開始。また、ベトナムとの国際交流を目的として「有限会社メビウスジャパン」を設立。宇和出荷場にカンキツの光センサー選果機を導入。北条で伊予柑・ユズの農場と、研修生用宿舎を新たに取得。

年表・無茶々園の歩み

２００３年　ＪＡＳ有機認証制度が始まり、認証を取得。愛南町で米栽培・販売を開始。
２００４年　「地域協同組合無茶々園」を設立し、複数ある組織の一本化へ。再び二度にわたる台風の塩風害を受け、カンキツ枯死が深刻になる。これをきっかけに明浜のカンキツ園地では改植（植替え）の推進を開始。
２００５年３月　無茶々園30周年式典を行い、全国から約１３０人参加。
２００６年　西日本ファーマーズユニオン立上げ。
２００７年　エッセンシャルオイルの製造を開始。元気な年寄りの会「妄想コンドルの会」による炭焼き、シイタケ栽培が始まる。
２００８年　ベトナム南部ダクラック省バンメトート市に「有機農業研修センター」を開設。ベトナムから農業研修生の受入れを開始。
２００９年　女性有志の会「てんぽ屋」が地域での配食サービスを開始。
２０１１年　明浜地区の生産者会員が72人、１１０haとなり、町外の生産者が70人を超える。
２０１２年　コスメ商品（yaetoco）の販売を開始。ベトナムからコショウ輸入試験開始。
２０１３年　㈱百笑一輝を設立して福祉事業を開始。ベトナム・バンメトート市に「ファーマーズユニオン・ベンチャーズ社」を設立。
２０１４年　高齢者有料住宅兼デイサービス事業所「めぐみの里」を開所。生協パルシステム生消協女性交流集会を開催し、全国より約80人が参加。生協パルシステム東京公開確認会を開催。
２０１５年　高齢者有料住宅兼デイサービス事業所「海里」を開所（福祉２号店）。
２０１６年　農林水産祭「むらづくり部門」で天皇杯受賞
２０１７年　無茶々園40周年記念式典開催。
２０１８年　西日本有機農業生産協同組合が、ベトナム人実習生の受入れを開始。
㈱百笑一輝が運営する学童保育『おれんじクラブ』開所。
有限会社ファーマーズユニオン北条が『有限会社てんぽ印』に名称変更。あわせてファーマーズユニオン天歩塾と運営法人を一本化する（６月）。
西日本豪雨が発生し、園地や農業施設に多数の被害を受ける（７月）。

【参考文献】

安達生恒『むらの戦後史・南伊予みかんの里　農と人の物語』有斐閣、１９８９年

うつみしこう（内海志航）『虹の里へ』夢企画（代表・宇都宮さち）、２００８年

宇和青果農業協同組合『宇和青果農協八十年のあゆみ』、１９９６年

宇和青果94年史編集委員会『宇和青果農協のあゆみ（平成7年～平成20年）』、２００９年

蛯名賢造『札幌農学校・日本近代精神の源流』新評論、１９９１年

開拓使編『復刻　札幌農學年報』北海道大学図書刊行会、１９７６年

カトリーヌ・ドゥ・シルギューイ（中村英司訳）『有機農業の基本技術　安全な食生活のために』八坂書房、１９９７年

㈶協同組合経営研究所『暗夜に種を播く如く　一樂照雄―協同組合・有機農業運動の思想と実践』農文協、２００９年

久保高一『明浜こぼれ話―郷土史片々録―』明浜史談会、１９８０年

小林芳正・境野健兒・中島紀一『有機農業と地域づくり　会津・熱塩加納の挑戦』筑波書房、２０１７年

芝昭彦他『ちょっと退屈な日々』自分達の本を作るための30人の会、１９８２年

特定非営利活動法人 全国有機農業推進協議会編『全国の北から南まで　地域にひろがる有機農業』、２０１０年

中島紀一『シリーズ地域の再生⑳有機農業の技術とは何か』農文協、２０１３年

日本有機農業研究会『一樂照雄が語る　有機農業の提唱』１９８９年

日本有機農業研究会編『有機農業ハンドブック　土づくりから食べ方まで』農文協、１９９９年

馬場宏明『大志の系譜　一高と札幌農学校』北泉社、１９９８年

福岡正信『緑の哲学　農業革命論―自然農法　一反百姓のすすめ』春秋社、２０１３年

星野紀代子『旅とオーガニックと幸せと　ＷＷＯＯＦ農家とウーファーたち』コモンズ、２０１６年

桝形俊子他『地域自給に関する研究（Ⅲ）―愛媛県明浜町狩江における農漁業の変遷と有機農業運動』（昭和59年度一般研究報告）国民生活センター、１９８５年

松島松翠『朝もやついて—農村医療ひとすじに』ＪＡ長野厚生連 佐久総合病院、２０１６年
村田武編『愛媛発・農林漁業と地域の再生』筑波書房、２０１４年
本野一郎『有機農業による社会デザイン　文明・風土・地域・共同体から考える』現代書館、２０１１年

大地と共に心を耕せ
地域協同組合無茶々園の挑戦

2018 年 11 月 15 日　第 1 刷発行

著　　者　愛媛大学社会共創学部研究チーム
編集協力　(株)愛媛地域総合研究所

発行所　一般社団法人 農 山 漁 村 文 化 協 会
〒 107-8668　東京都港区赤坂 7 丁目 6 − 1
電話　03(3585)1142(営業)　03(3585)1144(編集)
FAX　03(3585)3668　振替　00120-3-144478
URL　http://www.ruralnet.or.jp/

ISBN978-4-540-17165-9　DTP 制作／(株)農文協プロダクション
〈検印廃止〉　印刷／(株)新協
製本／根本製本 (株)
定価はカバーに表示

©愛媛大学社会共創学部
研究チーム2018
Printed in Japan

乱丁・落丁本はお取り替えいたします。

むら・まちづくり総合誌

季刊地域 バックナンバーのご案内

定価 926 円（税込）（送料 120 円）
年間購読 3704 円（税込）（送料無料）

地域の再生と創造のための課題と解決策を現場に学び、実践につなげる実用・オピニオン誌

No.35 2018 年秋号

農の手仕事 シャツもホウキも畑でとれる

転作田で青刈りイネ、ワラ細工で稼ぐ／タネ播きから始める藍染め／各地のワタ栽培マップ／タネから育てるホウキづくり／地元の茅葺き屋根材は子供たち発プロジェクトで／漆／竹／他

No.34 2018 年夏号

地域力がものを言う 獣害対策

集落ワナ組合　捕獲のノウハウ／これじゃ効かない、残念な電気柵／獣害を仕事に／獣肉加工所を低コスト運営／話題の ICT ワナ／「草刈り隊」が流行中!／ TPP11・日欧 EPA　地方記者の視点

No.33 2018 年春号

継業　むらに必要な職業（しごと） 誰が、どう継ぐ？

燃油スタンド・搾油所・豆腐屋・納豆屋・こうじ屋・農産加工所・竹細工職人・鍛冶屋・大工／これ変えて、ホントに農業競争力強化?　卸売市場法・畜安法・収入保険

No.32 2018 年冬号

山で稼ぐ！　小さい林業ここにあり

定年後は「木の駅」で稼ぐ／薪・炭・木酢液が売れる／ヒサカキ・畑ワサビ・フキ・ワラビ・アイコ・樹液・トチの実で稼ぐ／製材すれば材価は 4 〜 5 倍／雪かきを担うのは誰だ

No.31 2017 年秋号

農産加工 上手に稼ぐ、続けていく

みんなでやる加工は儲からない?ーの悩みに答える／ 1 次加工と冷凍・冷蔵で弁当・惣菜を赤字にしない／地域に雇用と楽しみをもたらす／種子（タネ）を引き継ぐ

No.30 2017 年夏号

赤トンボとホタルの増やし方

三面コンクリート張り水路でもホタルを増やす／赤トンボを増やすには―農薬・中干しの影響／ミツバチ　農薬と蜜源植物／農村力発見事典「季刊地域」の用語集 59 ワード

No.29 2017 年春号

どれがいい？むらの仕事のカタチ

どのタイプ？認可地縁団体／ NPO 法人／一般社団法人「登記」と「法人」／「法人税」は?／「資本金」ってなに?
馬と働く馬耕／馬搬／ホースセラピー　若者たちの小さい八百屋ビジネス

No.27 2016 年秋号

むらの足 最新事情 移動・物流・エコカー＆地エネ

移動販売と買い物代行、無償移送／マイカーでの有償運送Q＆Ａ／薪ガス＆小型電気自動車／直売所が仕組んだ「ついで」集荷／農家の宅配便活用術

No.26 2016 年夏号

小農の使命 むらに農家を増やすこと

小農がつくる「本当に強い農業・農村」／小農からの意見　東山広幸、古野隆雄他／大規模農家も集落営農も現代の小農／農地、家、資金、販路は?　小農的就農応援ノウハウ等

No.25 2016 年春号　田舎でのパンとピザの可能性
No.24 2016 年冬号　熱エネあったか自給圏構想
No.23 2015 年秋号　日本列島ほろ酔い自給圏構想
No.20 2015 年冬号　お米の流通読本
No.17 2014 年春号　「むらの婚活」がアツい
No.16 2014 年冬号　山、見て見ぬふりをやめるとき
No.15 2013 年秋号　獣の恵み　皮・角・肉を利用する
No.14 2013 年夏号　農村はアベノミクスにだまされない
No.13 2013 年春号　地あぶら・廃油・ガソリンスタンド
No.12 2013 年冬号　薪で元気になる！

品切バックナンバー
No.28、22、21、19、18、9 〜 1